Guttentagsche Sammlung
Nr. 111. Deutscher Reichsgesetze. Nr. 111.
Textausgaben mit Anmerkungen.

Reichs- und Staatsangehörigkeitsgesetz

vom 22. Juli 1913.

Unter Benutzung der amtlichen Quellen
bearbeitet und ausführlich erläutert

von

Dr. jur. A. Romen,
Wirklichem Geheimem Kriegsrat.

Berlin 1913.
J. Guttentag, Verlagsbuchhandlung,
G. m. b. H.

Vorwort.

Das Buch soll ein Wegweiser durch das zum Teil recht schwierige Gesetz und insbesondere ein Hilfsbuch für den praktischen Gebrauch sein. Dementsprechend sind lange theoretische Erörterungen vermieden worden. Dagegen haben die gesetzgeberischen Vorarbeiten, insbesondere die Begründung des Entwurfs und der Bericht der Kommission sorgfältige Berücksichtigung gefunden.

Die Einleitung gibt einen Überblick über die Entstehung des Gesetzes und seine wesentlichsten Neuerungen.

Das ausführliche Sachregister wird die Auffindung der einzelnen Bestimmungen und Fragen erleichtern.

Berlin, Juli 1913.

Romen.

Inhaltsverzeichnis.

Seite

1. **Vorwort** 5
2. **Quellen** 10
3. **Einleitung.** Entstehung des Gesetzes, sein Inhalt und seine wesentlichsten Neuerungen 11
4. **Reichs- und Staatsangehörigkeitsgesetz vom 22. Juli 1913.**

Erster Abschnitt.

Allgemeine Vorschriften. §§ 1, 2.

§ 1 (Wer Deutscher ist) 19
§ 2 (Elsaß-Lothringen Bundesstaat, Schutzgebiete Inland) 22

Zweiter Abschnitt.

Staatsangehörigkeit in einem Bundesstaate. §§ 3 bis 32.

§ 3 (Erwerb der Staatsangehörigkeit) 23
§ 4 (Erwerb durch Geburt. Findelkinder) 25
§ 5 (Erwerb durch Legitimation) 29
§ 6 (Erwerb durch Eheschließung) 30
§ 7 (Erwerb für einen Deutschen durch Aufnahme) . 32
§ 8 (Erwerb für einen Ausländer durch Einbürgerung) 36
§ 9 (Bedenken gegen die Einbürgerung) 43
§ 10 (Einbürgerung einer Witwe oder geschiedenen Ehefrau) 50

Seite

§ 11 (Einbürgerung eines ehemaligen Deutschen, der als Minderjähriger durch Entlassung die Reichsangehörigkeit verloren hat) 53
§ 12 (Einbürgerung eines Ausländers auf Grund aktiven Heeresdienstes) 55
§ 13 (Einbürgerung eines ehemaligen Deutschen, der sich nicht im Inlande niedergelassen hat) . . . 58
§ 14 (Aufnahme und Einbürgerung durch Anstellung im Staats-, Gemeinde-, Schuldienst oder im Dienste einer anerkannten Religionsgesellschaft) 63
§ 15 (Einbürgerung durch Anstellung im Reichsdienst) 66
§ 16 (Wirksamkeit der Aufnahme und Einbürgerung) 68
§ 17 (Gründe für den Verlust der Staatsangehörigkeit) 71
§ 18 (Entlassung einer Ehefrau aus der Staatsangehörigkeit) 74
§ 19 (Entlassung einer Person, die unter elterlicher Gewalt oder Vormundschaft steht) 75
§ 20 (Entlassung aus der Staatsangehörigkeit in einem Bundesstaate bewirkt gleichzeitig die Entlassung in jedem anderen Bundesstaate) 79
§ 21 (Entlassung muß erteilt werden bei Besitz und Vorbehalt der Staatsangehörigkeit in einem anderen Bundesstaate) 80
§ 22 (Gründe für die Versagung der Entlassung) . 82
§ 23 (Wirksamkeit der Entlassung) 94
§ 24 (Wann die Entlassung als nicht erfolgt gilt) . 96
§ 25 (Verlust der Staatsangehörigkeit durch Erwerb einer ausländischen Staatsangehörigkeit) . . . 97
§ 26 (Verlust durch Nichterfüllung der Wehrpflicht und wegen Fahnenflucht) 103
§ 27 (Verlust wegen Nichtrückkehr im Falle eines Krieges) 110

Seite

§ 28 (Verlust wegen Eintritts in ausländische Staatsdienste) 112

§ 29 (Inwieweit sich Verlust und Wiedererwerb der Staatsangehörigkeit auf Ehefrau und Kinder erstrecken) 113

§ 30 (Einbürgerung eines ehemaligen Deutschen, der vor Inkrafttreten dieses Gesetzes die Reichsangehörigkeit durch Entlassung verloren hat) . . . 115

§ 31 (Einbürgerung eines ehemaligen Deutschen, der die Reichsangehörigkeit auf Grund des Gesetzes vom 1. Juni 1870 durch zehnjährigen Aufenthalt im Ausland verloren hat) 120

§ 32 (Verlust der Staatsangehörigkeit wegen Nichterfüllung der Wehrpflicht und Fahnenflucht, begangen vor Inkrafttreten des Gesetzes) . . . 127

Dritter Abschnitt.

Unmittelbare Reichsangehörigkeit.

§§ 33 bis 35.

§ 33 (Verleihung der unmittelbaren Reichsangehörigkeit an Ausländer und Eingeborene im Schutzgebiete sowie an ehemalige Deutsche im Auslande) 131

§ 34 (Verleihung der unmittelbaren Reichsangehörigkeit an Ausländer, die im Reichsdienst angestellt sind und ihren dienstlichen Wohnsitz im Auslande haben) 136

§ 35 (Inwieweit die Vorschriften über die Staatsangehörigkeit in einem Bundesstaate anwendbar sind auf die unmittelbare Reichsangehörigkeit) . 138

Vierter Abschnitt.

Schlußbestimmungen. §§ 36 bis 41.

§ 36 (Staatsverträge von Bundesstaaten mit ausländischen Staaten) 141

Seite

§ 37 (In Reichs- und Landesgesetzen treten an die Stelle der dort in Bezug genommenen Vorschriften der Gesetze vom 1. Juni 1870 und 20. Dezember 1875 die entsprechenden Vorschriften dieses Gesetzes) 143

§ 38 (Kosten) 144

§ 39 (Ausführungsvorschriften für den Bundesrat und die Landeszentralbehörden) 146

§ 40 (Rekursverfahren) 147

§ 41 (Inkrafttreten des Gesetzes) 150

5. **Sachregister** 151

Quellen.

Entwürfe
1. eines Reichs- und Staatsangehörigkeitsgesetzes,
2. eines Gesetzes zur Abänderung des Reichsmilitärgesetzes sowie des Gesetzes, betreffend Änderungen der Wehrpflicht, vom 11. Febr. 1888,

nebst Begründung. Drucksache Nr. 6 des Reichstags, 13. Legislaturperiode, I. Session 1912.

Stenographische Berichte über die Verhandlungen des Reichstags, 13. Legislaturperiode, I. Session 1912, 13. und 14. Sitzung vom 23. und 27. Febr. 1912, S. 248ff. (erste Beratung der Entwürfe).

Bericht der 6. Kommission zur Vorberatung der Entwürfe

a) eines Reichs- und Staatsangehörigkeitsgesetzes,

b) eines Gesetzes zur Abänderung des Reichsmilitärgesetzes sowie des Gesetzes, betreffend Änderungen der Wehrpflicht, vom 11. Febr. 1888,

vom 24. April 1913. Drucksache Nr. 962 des Reichstags, 13. Legislaturperiode, I. Session 1912/13.

Stenographische Berichte über die Verhandlungen des Reichstags, 13. Legislaturperiode, I. Session 1912/13, 153., 154. und 155. Sitzung vom 28., 29. und 30. Mai 1913, S. 5269ff., 5294ff., 5326Cff. (zweite Beratung der Entwürfe).

Stenographische Berichte über die Verhandlungen des Reichstags, 13. Legislaturperiode, I. Session 1912/13, Sitzung vom 25. Juni 1913, S. 5760ff. (dritte Beratung der Entwürfe).

Entwurf eines Reichs- und Staatsangehörigkeitsgesetzes. (Nach den Beschlüssen des Reichstags in dritter Beratung.) Drucksache Nr. 1144 des Reichstags, 13. Legislaturperiode, I. Session 1912/13.

Einleitung.

Entstehung des Gesetzes und seine wesentlichsten Neuerungen.

Seit langem hatte sich allgemein die Erkenntnis Bahn gebrochen, daß das Gesetz über die Erwerbung und den Verlust der Bundes- und Staatsangehörigkeit vom 1. Juni 1870 den seit seinem Erlaß wesentlich veränderten Verhältnissen der wirtschaftlichen und staatlichen Entwickelung Deutschlands nicht mehr entspricht. Im In- und Auslande wurden andauernd Klagen erhoben, daß die gesetzlichen Grundlagen der Staatsangehörigkeit den gegenwärtigen Bedürfnissen nicht mehr in allen Teilen genügen. Von allen Seiten wurden dringende Wünsche nach Änderung des Gesetzes laut. Auch der Reichstag ließ es an Anregungen zur Abstellung der erkannten Mängel nicht fehlen. Seit zwei Jahrzehnten wurden fast in jeder Session von Abgeordneten verschiedener Parteien diesbezügliche Anträge gestellt. Der größte Mangel des bisherigen Rechtszustandes wurde vor allem darin erblickt, daß Angehörige des Deutschen Reiches, die auch im Auslande Deutsche sein und bleiben wollen, wider ihren Willen oder ohne ihr Wissen lediglich durch Zeitablauf der Reichsangehörigkeit verlustig gehen. Unter Hinweis darauf, daß eine vorzeitige Lösung der Beziehungen zur Heimat, wie sie nach dem geltenden Rechte unvermeidlich sei, weder im Interesse der davon betroffenen Deutschen im Auslande noch im Interesse des Reiches selbst liege, wurde befürwortet, eine Gesetzesänderung mit der Wirkung herbeizuführen, daß einerseits der Verlust der Reichsangehörigkeit erschwert und anderseits ihr Wiedererwerb erleichtert werde.

Auch die Reichsleitung hatte bereits vor einer Reihe von Jahren eine Änderung des Gesetzes ins Auge gefaßt. Die Schwierigkeit der Ausführung lag insbesondere darin, daß bei der Reform zugleich auf genügenden Schutz wichtiger staatlicher Interessen Rücksicht zu nehmen war.

Unter dem 6. Februar 1912 legte der Reichskanzler im Namen Seiner Majestät des Kaisers die Entwürfe

1. eines Reichs- und Staatsangehörigkeitsgesetzes,
2. eines Gesetzes zur Abänderung des Reichsmilitärgesetzes sowie des Gesetzes, betreffend Änderungen der Wehrpflicht, vom 11. Februar 1888

nebst Begründung in der vom Bundesrate beschlossenen Fassung dem Reichstag zur verfassungsmäßigen Beschlußnahme vor (Nr. 6 der Drucksachen des Reichstags, 13. Legislaturperiode, I. Session 1912). Die erste Beratung der Entwürfe fand im Reichstag in der 13. und 14. Sitzung am 23. und 27. Februar 1912 statt. Sie endete mit der Überweisung der Vorlagen an eine Kommission von 21 Mitgliedern (Sten. Ber. d. Reichst. S. 248 C ff., 271 B ff.).

Die Kommission (die 6.) trat am 5. März 1912 zusammen. Zum Vorsitzenden wählte sie den Abgeordneten Antrick, zu seinem Stellvertreter den Abgeordneten Dr. Giese, zu Schriftführern die Abgeordneten Becker (Arnsberg), Dr. Quarck (Frankfurt) und Freiherrn v. Richthofen. Dieser wurde von der Kommission gleichzeitig zum Berichterstatter ernannt. Die Kommission beschloß zunächst, von einer allgemeinen Besprechung abzusehen und die Beratungen in zwei Lesungen vorzunehmen. Nach Beendigung der ersten Lesung wurde die Redaktion des Entwurfs eines Reichs- und Staatsangehörigkeitsgesetzes in der von der Kommission in erster Lesung beschlossenen Fassung einer Unterkommission von fünf Mitgliedern übertragen. (KomBer. S. 71 unten.) Nach Genehmigung der Beschlüsse der Redaktionskommission wurde sodann die zweite Lesung beider Entwürfe vorgenommen. Am 24. April 1913 legte die Kommission den Bericht über die Beratungen vor (Nr. 962 der Drucksachen des Reichstags, 13. Legislaturperiode, I. Session 1912/13).

Die zweite Beratung der Entwürfe im Plenum des Reichstags fand am 28., 29. und 30. Mai 1913 statt. Nach Vornahme einiger Änderungen und Zusätze, unter denen insbesondere die Einführung des Rekursverfahrens zu erwähnen ist (§ 40), wurden die Entwürfe in der von der Kommission beschlossenen Fassung angenommen (Sten. Ber. d. Reichst. S. 5269ff., 5294ff., 5326C ff.). Bei der dritten Beratung in der 169. Sitzung vom 25. Juni 1913 wurde nur in zwei Punkten (§§ 14, 19) eine Änderung vorgenommen, im übrigen fanden die Entwürfe gemäß den Beschlüssen in der zweiten Beratung unveränderte Annahme (StenBer. S. 5760ff., 5776A).

Der Bundesrat erteilte den Entwürfen mit den vom Reichstage beschlossenen Abänderungen in der Sitzung vom 3. Juli 1913 die Zustimmung (Protokolle des Bundesrats, Session 1913, 24. Sitzung). Am 22. Juli 1913 wurden sie von dem Kaiser vollzogen und sodann am 31. Juli 1913 durch das Reichs-Gesetzblatt verkündigt (RGBl. S. 583ff.). Gemäß den Bestimmungen in § 41 und Artikel III treten beide Gesetze am 1. Januar 1914 in Kraft.

Über den Inhalt des Reichs- und Staatsangehörigkeitsgesetzes sei hier zunächst kurz folgendes erwähnt:

Das Gesetz enthält in vier Abschnitten 41 Paragraphen.

In dem ersten Abschnitt (§§ 1, 2) werden „Allgemeine Vorschriften" gegeben. Im zweiten Abschnitt wird die Staatsangehörigkeit in einem Bundesstaate behandelt, und zwar in den §§ 3 bis 16 der Erwerb der Staatsangehörigkeit, in den §§ 17 bis 32 der Verlust der Staatsangehörigkeit und ihr Wiedererwerb. Der dritte Abschnitt bringt Vorschriften über die Verleihung der unmittelbaren Reichsangehörigkeit (§§ 33 bis 35). Der vierte Abschnitt (§§ 36 bis 41) enthält in Schlußbestimmungen Vorschriften bezüglich der Geltung der Staatsverträge mit ausländischen Staaten, über das Verhältnis des neuen Gesetzes zu anderen Gesetzen, ferner bezüglich der Kosten, Ausführungsvorschriften für den Bundesrat und die Landeszentralbehörden, über die Zulässigkeit des Rekursverfahrens und über den Zeitpunkt des Inkrafttretens des Gesetzes.

Gegenüber dem bisherigen Rechtszustande bringt das neue Gesetz neben zahlreichen minder wichtigen Änderungen auch mehrere von grundlegender Bedeutung.

Als wesentlichste Änderung und Verbesserung ist die Beseitigung der Vorschrift über den Verlust der Staatsangehörigkeit durch zehnjährigen Aufenthalt im Auslande anzusehen. Nach § 21 des Gesetzes vom 1. Juni 1870 verlor derjenige Deutsche, der das Reichsgebiet verlassen, sich zehn Jahre lang ununterbrochen im Auslande aufgehalten und es verabsäumt hatte, sich in die Konsulatsmatrikel eintragen zu lassen, die Staatsangehörigkeit. Es hing also die Erhaltung oder der Verlust der Staatsangehörigkeit im Grunde von der Erfüllung oder Nichterfüllung einer bloßen Formalität ab. Diese Bestimmung hatte im Laufe der Jahre immer mehr steigende Anfechtungen erfahren. Mit Recht! Von dem Mittel der Eintragung in die Konsulatsmatrikel wurde teils aus Unkenntnis, teils aus Saumseligkeit nur ein verhältnismäßig sehr geringer Gebrauch gemacht. So gingen infolge Nichterfüllung einer bloßen Formalität dem Deutschen Reiche zahlreiche wertvolle Elemente verloren, deren dauernde Fesselung an ihr Vaterland in wirtschaftlicher und politischer Beziehung in Deutschlands Interesse lag. Das neue Gesetz geht davon aus, daß der Verlust der Staatsangehörigkeit nicht ohne den Willen des Betreffenden, nicht durch bloßen Fristablauf, nicht durch Versäumung einer Formalität herbeigeführt werden kann, sondern durch Umstände bedingt ist, die den Willen des Beteiligten, seinem Vaterlande nicht mehr anzugehören, deutlich erkennen lassen.

Eine weitere wesentliche Neuerung besteht in der Ausbürgerung wegen Nichterfüllung der Wehrpflicht. Ein militärpflichtiger Deutscher, der im Inland weder seinen Wohnsitz noch seinen Aufenthalt hat, verliert seine Staatsangehörigkeit, wenn er nicht bis zum 31. Lebensjahre entweder seiner Dienstpflicht genügt oder doch keine Regelung dieser Dienstpflicht herbeigeführt hat. Diese Bestimmung ist mit Freuden zu begrüßen, sie ist aus politischen und militärischen Gründen durchaus berechtigt. Die Waffen zum Schutze des Vaterlandes zu tragen, gehört ebenso zu den ersten staatsbürgerlichen Pflichten wie zu den vornehmsten Ehrenpflichten des Deutschen. Wer sich aber der Erfüllung dieser zum Teil mit schweren wirtschaftlichen Lasten verbundenen Pflicht entzieht, der kann auch keinen Anspruch darauf machen, die Vorteile der Zugehörigkeit zum Deutschen Reiche, insbesondere dessen mächtigen Schutz im Auslande, zu genießen. Staatsbürgerliche Rechte, so wird zutreffend in der Begründung ausgeführt, dürfen nicht ohne Erfüllung entsprechender staatsbürgerlicher Pflichten in Anspruch genommen werden. Wer diese Pflichten nicht erfüllt, gibt damit stillschweigend den Willen kund, die staatsbürgerliche Gemeinschaft nicht weiter fortzusetzen. Man würde es nicht verstehen, wenn Leute, die sich der höchsten Pflicht gegen ihr Vaterland entziehen, im Auslande denselben Schutz genössen oder mit denselben Rechten unbehelligt in der Heimat wohnen dürften wie diejenigen Deutschen, die jene Pflicht treu erfüllt haben. Ohne Wehrgemeinschaft keine Volksgemeinschaft: dieses bei der Beratung des Gesetzes im Reichstag mehrfach gebrauchte Wort ist unbedingt richtig!

Als fernere Neuerung ist zu nennen die wesentliche Erleichterung der Wiedererlangung der verlorenen Staatsangehörigkeit. In § 21 Abs. 4 des Gesetzes vom 1. Juni 1870 war bestimmt, daß Deutschen, „die ihre Staatsangehörigkeit durch zehnjährigen Aufenthalt im Auslande verloren und keine andere Staatsangehörigkeit erworben haben, die Staatsangehörigkeit in dem früheren Heimatsstaate wieder verliehen werden kann, auch ohne daß sie sich dort niederlassen". Diese Vorschrift beschränkte sich auf solche Deutsche, die ihre Staatsangehörigkeit durch bloße Abwesenheit verloren hatten, während sie in den Fällen, wo der Verlust auf andere Weise eingetreten war, keine Anwendung fand. Hieraus hatten sich in der Praxis insofern Schwierigkeiten ergeben, als verschiedentlich ehemaligen Deutschen, darunter solchen, deren Entlassung von ihnen selbst in Unkenntnis der Folgen beantragt oder während der Minderjährigkeit von dem gesetzlichen Vertreter herbeigeführt worden war, die im Interesse des Reiches wünschenswerte Wiederaufnahme in Ermangelung der Niederlassung im Inland nicht erteilt werden konnte (Begr.). Das neue Gesetz sieht bei der Wiederaufnahme aller ehemaligen Deutschen von dem Erfordernisse der Niederlassung im Inland ab und erstreckt diese Erleichterung auch auf die Abkömmlinge von ehemaligen Deutschen (§ 13).

Weiterhin ist neu die Schaffung einer unmittelbaren, von der Staatsangehörigkeit der Bundesstaaten unabhängigen Reichsangehörigkeit. Nach dem Gesetze vom 1. Juni 1870 bestand nur eine mittelbare Reichsangehörigkeit, welche die Staatsangehörigkeit in einem Bundesstaate zur Voraussetzung hatte. Eine Neuerung trat später insofern ein, als durch § 9 des Schutzgebietsgesetzes vom 25. Juli 1900 dem Reichskanzler die Befugnis verliehen wurde, Ausländern, die sich in den Schutzgebieten niederlassen, sowie Eingeborenen im Schutzgebiete durch Naturalisation die Reichsangehörigkeit zu verleihen. Diese Bestimmung ist in das neue Gesetz übernommen, außerdem ist aber die Verleihung der unmittelbaren Reichsangehörigkeit noch im weiteren Umfange vorgesehen. Nach dem neuen Gesetz kann die unmittelbare Reichsangehörigkeit verliehen werden einem Ausländer, der sich in einem Schutzgebiete niedergelassen hat, oder einem Eingeborenen in einem Schutzgebiet, ferner einem ehemaligen Deutschen, der sich nicht im Inland niedergelassen hat; dem ehemaligen Deutschen steht gleich, wer von ihm abstammt oder an Kindesstatt angenommen ist. Einem Ausländer, der im Reichsdienst angestellt ist und seinen dienstlichen Wohnsitz im Ausland hat, muß auf seinen Antrag die unmittelbare Reichsangehörigkeit verliehen werden, wenn er ein Diensteinkommen aus der Reichskasse bezieht; bezieht er ein solches Einkommen nicht, so **kann** sie ihm verliehen werden.

Schließlich muß noch als eine **Neuerung** angeführt werden die weitgehende Gewährung eines **Rechtsschutzes** durch **Zulassung des Rekurses** gegen die **Ablehnung von Anträgen** auf Aufnahme, Einbürgerung oder Entlassung aus der Staatsangehörigkeit (§ 40).

Das neue „**Reichs- und Staatsangehörigkeitsgesetz**", dessen Entwurf gleich bei seinem Erscheinen allgemein beifällig aufgenommen wurde, bedeutet dem früheren Rechtszustande gegenüber einen **gewaltigen Fortschritt**.

Das Gesetz ist geeignet, das deutsche Nationalbewußtsein zu heben, das Deutschtum im Auslande zu erhalten und zu kräftigen, beizutragen zur weiteren Verbreitung deutschen Wesens und deutscher Gesittung, deutschen Geistes und deutscher Macht bis in die fernsten Erdteile. Zwischen den Deutschen des In- und Auslandes bildet das Gesetz ein neues mächtiges Bindeglied. Wertvolle Kräfte, die durch das frühere Recht verloren gegangen waren, wird es dem Deutschen Reiche wieder zuführen, andererseits das Deutschtum vor weiteren großen Verlusten schützen und allgemein im In- und Auslande die Zahl derer mehren, die mit Stolz bekennen:

Civis Germanus sum!

Reichs- und Staatsangehörigkeitsgesetz.

Vom 22. Juli 1913 (RGBl. S. 583 ff.).

Wir **Wilhelm**, von Gottes Gnaden Deutscher Kaiser, König von Preußen ꝛc.,

verordnen im Namen des Reichs, nach erfolgter Zustimmung des Bundesrats und des Reichstags, was folgt:

Erster Abschnitt.

Allgemeine Vorschriften.

§ 1.

Deutscher ist, wer die Staatsangehörigkeit in einem Bundesstaat (§§ 3 bis 32) oder die unmittelbare Reichsangehörigkeit (§§ 33 bis 35) besitzt.

Entwurf §§ 1, 30.

1. An dem obersten Grundsatze des bisherigen Rechtes, daß die Reichsangehörigkeit erworben wird durch die Staatsangehörigkeit in einem Bundesstaate, hat auch das neue Gesetz nicht gerüttelt. Grundsätzlich soll im Deutschen Reiche als einem Bundesstaate die Reichsangehörigkeit nur durch Erlangung der Staatsangehörigkeit in einem der Bundesstaaten erworben werden können (mittelbare Reichsangehörigkeit). Daneben hat das Gesetz in beschränktem Maße eine unmittelbare Reichsangehörigkeit, ohne Verbindung mit der Staatsangehörigkeit in einem Bundesstaat, zugelassen. Sie soll aber nur die Ausnahme bilden. Näheres s. §§ 33 ff.

2. In dem Entwurf hatte § 1 folgende Fassung:

Die Reichsangehörigkeit wird durch die Staatsangehörigkeit in einem Bundesstaat erworben und erlischt mit deren Verlust.

Elsaß-Lothringen gilt im Sinne dieses Gesetzes als Bundesstaat.

Die jetzige Fassung beruht auf den Beschlüssen der Kommission.

Abs. 2 des Entwurfs und ferner Abs. 2 des § 30 des Entwurfes wurden zusammen als neuer § 2 eingestellt. KomBer. S. 4, 72, 105, 122, 123.

3. Jeder Angehörige eines deutschen Bundesstaates ist durch diese Staatsangehörigkeit ohne weiteres und von selbst Reichsangehöriger. Die 25 Bundesstaaten sind aufgeführt in Art. 1 der Reichsverfassung. Als Bundesstaat im Sinne dieses Gesetzes gilt auch Elsaß-Lothringen. § 2.

a) Über die Wirkung der Staatsangehörigkeit in einem Bundesstaate gegenüber einem anderen Bundesstaate bestimmt Artikel 3 der Reichsverfassung:

„Für ganz Deutschland besteht ein gemeinsames Indigenat mit der Wirkung, daß der Angehörige (Untertan, Staatsbürger) eines jeden Bundesstaates in jedem anderen Bundesstaate als Inländer zu behandeln und demgemäß zum festen Wohnsitz, zum Gewerbebetriebe, zu öffentlichen Ämtern, zur Erwerbung von Grundstücken, zur Erlangung des Staatsbürgerrechtes und zum Genusse aller sonstigen bürgerlichen Rechte unter denselben Voraussetzungen wie der Einheimische zuzulassen, auch in betreff der Rechtsverfolgung und des Rechtsschutzes demselben gleich zu behandeln ist.

Kein Deutscher darf in der Ausübung dieser Befugnis durch die Obrigkeit seiner Heimat oder durch die Obrigkeit eines anderen Bundesstaates beschränkt werden.

Diejenigen Bestimmungen, welche die Armenversorgung und die Aufnahme in den lokalen Gemeindeverband betreffen, werden durch den im ersten Absatz ausgesprochenen Grundsatz nicht berührt.

Ebenso bleiben bis auf weiteres die Verträge in Kraft, welche zwischen den einzelnen Bundesstaaten in Beziehung auf die Übernahme von Auszuweisenden, die Verpflegung erkrankter und die Beerdigung verstorbener Staatsangehörigen bestehen.

Hinsichtlich der Erfüllung der Militärpflicht im Verhältnis zu dem Heimatslande wird im Wege der Reichsgesetzgebung das Nötige geordnet werden.

Dem Auslande gegenüber haben alle Deutschen gleichmäßig Anspruch auf den Schutz des Reichs."

b) Die in Art. 3 gegebene Aufzählung der Wirkungen des „gemeinsamen Indigenats" ist erschöpfend. Andere Wirkungen hat es nicht. Insbesondere ist nicht ohne weiteres jeder Deutsche in jedem Bundesstaate als Staatsangehöriger zu betrachten und zu behandeln. Die staatsbürgerlichen Rechte stehen nur den Staatsangehörigen des betreffenden Bundesstaates, nicht ohne weiteres jedem Reichsangehörigen zu.

4. Auch nach dem neuen Gesetz ist, wie nach dem bisherigen, eine gleichzeitige mehrfache Staatsangehörigkeit in verschiedenen Bundesstaaten möglich. Um die aus der Zugehörigkeit zu mehreren Bundesstaaten nach Auffassung der verbündeten Regierungen sich ergebenden „Unzuträglichkeiten" möglichst zu beseitigen, waren in den Entwurf die Bestimmungen aufgenommen:

„§ 20. Der Angehörige eines Bundesstaats verliert die Staatsangehörigkeit in diesem Staate mit der Aufnahme in einen anderen Bundesstaat (§§ 6, 10, 12).

Der Verlust tritt nicht ein, wenn sich der Aufgenommene in dem Bundesstaate, dem er bisher angehörte, in einem Dienste der im § 10 Abs. 1 bezeichneten Art befindet, wenn seine Aufnahme durch Anstellung als Offizier des aktiven Dienststandes erfolgt, oder wenn er sich die Beibehaltung der bisherigen Staatsangehörigkeit durch eine Erklärung gegenüber der zuständigen Behörde des aufnehmenden Staates vorbehalten hat; dieser Vorbehalt ist in der Aufnahme- oder in der Anstellungs- oder Bestätigungsurkunde zu vermerken".

„§ 27. Wer zur Zeit des Inkrafttretens dieses Gesetzes mehreren Bundesstaaten angehört, kann innerhalb zweier

Jahre erklären, welchen dieser Staaten er weiter angehören will. Die Erklärung erfolgt gegenüber der zuständigen Behörde des Bundesstaats, dessen Staatsangehörigkeit er beibehalten will.

In Ermangelung einer Erklärung der im Abs. 1 vorgesehenen Art behält er diejenige Staatsangehörigkeit, welche er oder die Person, von der er abstammt, zuletzt erworben hat. Dabei kommt nicht in Betracht eine Staatsangehörigkeit, die durch Anstellung als Offizier oder als Beamter des Beurlaubtenstandes erworben ist.

Mit dem Ablauf zweier Jahre verliert er die Staatsangehörigkeit in den Bundesstaaten, in denen er sie nicht nach Abs. 1 oder 2 beibehält, es sei denn, daß er sich in einem solchen Bundesstaat in einem Dienste der im § 10 Abs. 1 bezeichneten Art befindet. Der Verlust erstreckt sich zugleich auf die im § 12 Abs. 2 bezeichneten Personen".

Aber schon bei der ersten Lesung im Reichstag stießen die Bestimmungen auf lebhaften Widerspruch (StenBer. S. 258 B, 260 B, 262 A, 264 B, C, 272 C, 284 D). In der Kommission wurden sie dann gestrichen (KomBer. S. 54 ff., 57, 88, 94, 116, 117).

§ 2.

Elsaß-Lothringen gilt im Sinne dieses Gesetzes als Bundesstaat.

Die Schutzgebiete gelten im Sinne dieses Gesetzes als Inland.

Entwurf §§ 1 Abs. 2, § 30 Abs. 2.

1. Abs. 1 entspricht der Bestimmung in Artikel I Abs. 4 des Gesetzes über die Verfassung Elsaß-Lothringens vom 31. Mai 1911 (RGBl. 1911 S. 225).

2. Zu Abs. 2. Nur „im Sinne dieses Gesetzes" gelten die Schutzgebiete als Inland. Die gleiche Bestimmung war auch schon in § 9 Abs. 3 des Schutzgebietsgesetzes vom 25. Juli 1900 (RGBl. 1900 S. 815) enthalten.

Deutsche bleiben in den Schutzgebieten Reichsangehörige.

Die Angehörigkeit zu einem Schutzgebiete begründet an sich nicht die Reichsangehörigkeit. Die Eingeborenen sind dem Deutschen Reiche untertan, aber nicht ohne weiteres Reichsangehörige. Wegen der Verleihung der Reichsangehörigkeit an die genannten Personen s. § 33.

Zweiter Abschnitt.

Staatsangehörigkeit in einem Bundesstaate.

§ 3.

Die Staatsangehörigkeit in einem Bundesstaate wird erworben

1. **durch Geburt** (§ 4),
2. **durch Legitimation** (§ 5),
3. **durch Eheschliessung** (§ 6),
4. **für einen Deutschen durch Aufnahme** (§§ 7, 14, 16),
5. **für einen Ausländer durch Einbürgerung** (§§ 8 **bis** 16).

Entwurf § 2.

1. § 3 regelt die Gründe für den Erwerb der Staatsangehörigkeit. Die Aufzählung ist erschöpfend, so daß also andere Erwerbsarten ausgeschlossen sind. „Andere denkbare Erwerbsarten, wie die auf Optionsverträgen mit ausländischen Staaten beruhenden, kommen für die Regelung in diesem Gesetze nicht in Betracht.“ Begr. S. 21.

2. Durch die bloße Wohnsitznahme in einem Bundesstaate wird dessen Staatsangehörigkeit noch nicht erworben. Ebenso nicht durch die bloße Erlangung des Unterstützungswohnsitzes in einer Gemeinde; ein dahin zielender, in der Kommission gestellter Antrag wurde abgelehnt, KomBer. S. 72, 73, ebenso vom Plenum des Reichstags, StenBer. S. 5295 D, 5296 A, 5299 B, C, 5328 A, B, 5768 B, C, D.

3. Die „Annahme an Kindesstatt" (Adoption), §§ 1741 ff. BGB., begründet für sich allein nicht den Erwerb der Staatsangehörigkeit. Das Gesetz vom 1. Juni 1870 enthielt eine ausdrückliche diesbezügliche Bestimmung. Sie wurde im neuen Gesetz, eben weil darin die Gründe für den Erwerb erschöpfend aufgezählt sind (s. Anm. 1), für entbehrlich gehalten. Begr. S. 21.

4. Nr. 4 lautete im Entwurf „durch Aufnahme" (§§ 6 bis 12). Nr. 5 war im Entwurf nicht enthalten. Die Auflösung der Nr. 4 in die beiden Nummern 4 und 5 beruht auf Beschlüssen der Kommission. KomBer. S. 5, 6, 7, 72, 105.

5. Der Ausdruck „Ausländer" umfaßt auch die Staatlosen. Das wurde in der Kommissionsberatung von dem Vertreter der verbündeten Regierungen als „ganz zweifellos" bezeichnet. In diesem Sinne sei die Bezeichnung „Ausländer" auch im Bürgerlichen Gesetzbuch und in dessen Einführungsgesetze gebraucht und es sei nicht erwünscht, denselben Begriff in verschiedenen Gesetzen unter verschiedenen Bezeichnungen aufzuführen. Wenn darauf hingewiesen sei, daß die Bezeichnung „Ausländer" in der Gesetzessprache einzelner Bundesstaaten die Angehörigen der anderen deutschen Bundesstaaten umfasse, so sei dem entgegenzuhalten, daß sich die Sprache der Reichsgesetzgebung nicht nach der Gesetzessprache einzelner Bundesstaaten richten könne. KomBer. S. 6.

Die Bezeichnung „Einbürgerung" bedeutet die Aufnahme eines Ausländers und soll den bisherigen Begriff der „Naturalisation" wiedergeben. Die Bezeichnung „Einbürgerung" für die Aufnahme eines Ausländers wurde in der Kommission beschlossen. KomBer. S. 5, 6, 18, 21, 105.

6. Näheres zu den einzelnen Nummern s. bei den in Bezug genommenen Paragraphen.

7. In der Kommission wurde auch die Frage aufgeworfen, wie es sich mit der Staatsangehörigkeit juristischer Personen verhalte. Von einem Regierungs-

vertreter wurde sie dahin beantwortet, daß Bestimmungen über die Staats- und Reichsangehörigkeit juristischer Personen nicht erforderlich seien. Die Bedeutung der Frage, unter welchen Voraussetzungen eine juristische Person als zum Reiche gehörig zu erachten sei, liege insbesondere auf dem Gebiete der Schutzgewährung gegenüber dem Ausland. In dieser Beziehung werde nach bestimmten völkerrechtlichen Grundsätzen verfahren, die zum Teil im Konsulargerichtsbarkeitsgesetz und den hierzu ergangenen Ausführungsbestimmungen festgelegt seien. Im allgemeinen gewähre das Reich seinen Schutz den juristischen Personen, die ihren Sitz im Inland hätten, sowie denjenigen, die ihren Sitz im Ausland hätten und die Rechtsfähigkeit durch Verleihung von seiten des Bundesrats erlangt hätten. KomBer. S. 70.

§ 4.

Durch die Geburt erwirbt das eheliche Kind eines Deutschen die Staatsangehörigkeit des Vaters, das uneheliche Kind einer Deutschen die Staatsangehörigkeit der Mutter.

Ein Kind, das in dem Gebiet eines Bundesstaats aufgefunden wird (Findelkind), gilt bis zum Beweise des Gegenteils als Kind eines Angehörigen dieses Bundesstaats.

Entwurf § 3.

1. In dem Gesetz ist der Grundsatz, daß in der Hauptsache die Abstammung, das Blut das Entscheidende für den Erwerb der Staatsangehörigkeit ist (jus sanguinis), rein durchgeführt worden. Die bei der Beratung des Gesetzes mehrfach gestellten Anträge, diesen Grundsatz durch das sog. jus soli (Recht auf Grund des Geburtsortes, wonach diejenigen, die im Lande geboren und aufgewachsen sind, auch ohne weiteres die Staatsangehörigkeit haben sollen), sind andauernd abgelehnt worden.

„Das jus soli sei unverträglich mit der Reinhaltung unserer völkischen Eigenart. Derartige Anträge seien unannehmbar." S. KomBer. S. 35, 36, 38, 82, 83, 84; StenBer. S. 5327 C, D, 5328 A, 5763 D, 5768 D, 5769 A, B, 5771 A, B.

2. Für den Erwerb der Staatsangehörigkeit „durch die Geburt" kommt es auf den Ort der Geburt, darauf, ob diese im Inland oder Ausland erfolgt ist, nicht an. Im Entwurf war ausdrücklich bestimmt: „Durch die Geburt, auch wenn sie im Ausland erfolgt, erwirbt usw." In der Kommission wurde beantragt, die Worte „auch wenn sie im Auslande erfolgt" zu streichen. Der Antrag wurde angenommen. Damit ist aber eine solche Änderung nicht beabsichtigt Das ist in der Kommission klar zum Ausdruck gebracht worden. Regierungsseitig wurde zugegeben, daß die Streichung jener Worte keine sachliche Änderung bedeuten würde. Auch wenn diese Worte nicht im Gesetze ständen, wäre in der Tat kein Zweifel darüber möglich, daß der Erwerb der Staatsangehörigkeit durch Geburt unabhängig davon eintritt, ob die Geburt im Inland oder im Ausland erfolgt sei. Die Beibehaltung dieser Worte im Gesetze sei jedoch für angezeigt erachtet worden, weil es erwünscht geschienen habe, gerade diesen obersten Grundsatz, den Grundsatz des Erwerbes der Staatsangehörigkeit durch Abstammung ohne Rücksicht auf den Ort der Geburt, auch für den Laien zweifelsfrei zum Ausdruck zu bringen. KomBer. S. 7.

3. a) Die Bestimmungen über die eheliche Abstammung eines Kindes sind enthalten in den §§ 1591 ff. BGB. Erfordernisse der Ehelichkeit sind: Geburt nach Schließung der Ehe und Erzeugung durch den Mann. Um den Beweis der Erzeugung zu erleichtern, hat das Gesetz die Vermutung aufgestellt (§ 1591), daß, wenn die Frau das Kind vor oder während der Ehe empfangen und der Mann ihr innerhalb der Empfängniszeit (§ 1592) beigewohnt hat, das Kind als von

ihm erzeugt gilt. Gegen diese gesetzliche Vermutung ist nur der Gegenbeweis zugelassen, daß es den Umständen nach „offenbar unmöglich“ ist, daß die Frau das Kind von dem Manne empfangen hat.

Gemäß Art. 203 des EG. z. BGB. ist die Ehelichkeit eines Kindes regelmäßig nach den zur Zeit der Geburt geltenden Gesetzen zu beurteilen. Hinsichtlich der vor 1900 geborenen Kinder bleiben daher für die Frage, ob das Kind ehelich ist, die früheren Gesetze maßgebend.

b) Hinsichtlich der Frage, inwieweit für die eheliche Abstammung eines im Auslande geborenen Kindes das inländische oder das ausländische Recht anzuwenden ist, bestimmt Art. 18 des EG. z. BGB.:

„Die eheliche Abstammung eines Kindes wird nach den deutschen Gesetzen beurteilt, wenn der Ehemann der Mutter zur Zeit der Geburt des Kindes Deutscher ist, oder, falls er vor der Geburt des Kindes gestorben ist, zuletzt Deutscher war.“

c) Die rechtliche Stellung des Kindes aus nichtigen Ehen ist geregelt in den §§ 1699 ff. BGB. Grundsätzlich bewirkt die Nichtigkeit einer Ehe, daß die Kinder unehelich sind. War jedoch wenigstens einem Ehegatten die Nichtigkeit der Ehe bei der Eheschließung unbekannt, so gelten die Kinder als ehelich. Wenn aber die Nichtigkeit der Ehe auf einem Formmangel beruht und die Ehe nicht in das Heiratsregister eingetragen worden ist, so ändert auch die Gutgläubigkeit eines Ehegatten an der Unehelichkeit des Kindes nichts, das Kind ist dann schlechtweg unehelich (§ 1699 Abs. 2). Inwieweit die Kinder aus einer vor dem Inkrafttreten des Bürgerlichen Gesetzbuches geschlossenen nichtigen oder ungültigen Ehe als eheliche Kinder anzusehen sind, bestimmt sich gemäß Art. 207 des EG. z. BGB. nach den bisherigen Gesetzen.

d) Wenn die Mutter eines unehelichen Kindes gemäß § 17 Nr. 6 durch Eheschließung mit dem Angehörigen eines anderen Bundesstaates oder mit einem Ausländer die Staatsangehörigkeit verliert, so behält das uneheliche Kind die durch die Geburt erlangte Staatsangehörigkeit, ausgenommen, wenn es gemäß § 17 Nr. 5 legitimiert wird.

4. Zu Abs. 2.

a) Die Vorschrift in Abs. 2 regelt die Staatsangehörigkeit der Findelkinder. Die Bestimmung ist gegenüber dem bisherigen Rechte neu. Während sonst in fast allen Kulturstaaten der Grundsatz zu Recht besteht, daß Findelkinder als Angehörige desjenigen Staates anzusehen sind, in dessen Gebiet sie aufgefunden worden sind, erwähnte das Gesetz vom 1. Juni 1870 die Findelkinder überhaupt nicht. Auch in dem Entwurf des neuen Gesetzes war noch nichts über die Findelkinder gesagt. Die Vorschrift wurde von der Kommission eingefügt. Bei der Beratung wurde regierungsseitig auf die „schwerwiegenden Bedenken" einer solchen Vorschrift hingewiesen. Der Antrag bedeute eine Durchbrechung des im Entwurf rein durchgeführten jus sanguinis zugunsten des jus soli (s. Anm. 1); zugleich aber bedeute er eine staatspolitische Gefahr, da bei seiner Annahme die Regierung gezwungen sein würde, ausgesetzte Ausländerkinder in den Staatsverband aufzunehmen. Trotzdem wurde der Antrag angenommen. Zu beachten ist aber besonders, daß es sich bei der Annahme der Staatsangehörigkeit zu dem Bundesstaat, in dessen Gebiet das Kind aufgefunden wird, immer nur um eine gesetzliche Vermutung handelt, die jederzeit durch den Nachweis fremder Staatsangehörigkeit widerlegbar ist.

b) Die Vorschrift bezieht sich auch auf Kinder fremder Rassen, die innerhalb eines Bundesstaats aufgefunden werden. Das wurde auch in der Kommission widerspruchslos erklärt, „da ja auch deren Eltern Deutsche sein könnten".

c) Zu betonen bleibt noch, daß die gesetzliche Vermutung des Abs. 2 nur anwendbar ist auf Kinder, die in einem Bundesstaate aufgefunden worden sind. Als Bundesstaat gilt auch Elsaß-Lothringen. § 2. Für die Schutzgebiete, überhaupt auf die unmittelbare Reichsangehörigkeit findet die Vorschrift nach ausdrücklicher Bestimmung in § 35 keine Anwendung.

§ 5.

Eine nach den deutschen Gesetzen wirksame Legitimation durch einen Deutschen begründet für das Kind die Staatsangehörigkeit des Vaters.

Entwurf § 4.

Nach dem Gesetz braucht die Legitimation nicht nach den Grundsätzen des materiellen deutschen Rechts erfolgt zu sein; vielmehr erwirbt das Kind die Reichsangehörigkeit auch dann, wenn die Legitimation nach den Grundsätzen eines ausländischen Rechts erfolgt, dieses Recht aber nach der deutschen Kollisionsnorm als wirksam anerkannt wird. Die Fassung des Gesetzes geht weiter als die des Entwurfs und beruht auf einem Kommissionsbeschluß. Im Entwurf lautete die Bestimmung:

„Durch die von einem Deutschen nach den deutschen Gesetzen bewirkte Legitimation erwirbt das Kind die Staatsangehörigkeit des Vaters."

Und in der Begründung hierzu heißt es ausdrücklich (S. 21): Durch die Worte: „Durch die nach den deutschen Gesetzen bewirkte Legitimation" soll klargestellt werden, daß für den Erwerb der Staatsangehörigkeit nur eine in den deutschen Gesetzen vorgesehene Legitimation, also nur eine Legitimation durch nachfolgende Ehe (§§ 1719 ff. BGB.) oder durch Ehelichkeitserklärung (§§ 1723 ff. a. a. O.) in Betracht kommt. In der Kommission wurde dagegen angeführt: Die Fassung der Regierungsvorlage „eine nach den deutschen Gesetzen bewirkte Legitimation" sei zu eng; es müsse auch genügen, wenn die Legitimation nach den Grundsätzen des ausländischen Rechts erfolgt sei, sofern das deutsche Recht dieses ausländische Recht als wirksam anerkenne. Es sei dabei z. B. auch an den Fall zu denken, daß ein uneheliches Kind durch die nach den Gesetzen des Auslandes vollzogene Eheschließung seiner Eltern legitimiert werde. Diesen Ausführungen wurde zugestimmt, und seitens eines Regierungsvertreters wurde dazu erklärt, daß „die Regierung sachlich ganz derselben Meinung sei". Die jetzige Fassung fand dann die Mehrheit der Kommission. KomBer. S. 9.

Eine nur nach ausländischem Rechte wirksame Legitimation durch einen Deutschen genügt nicht; sie muß vielmehr vom deutschen Recht als wirksam anerkannt sein. Ein in der Kommission gestellter Antrag, die Worte „nach den deutschen Gesetzen" zu streichen, um allen legitimierten Kindern deutscher Väter die Staatsangehörigkeit zu gewährleisten, wurde wieder zurückgezogen, „da ein solcher Antrag doch keine Annahme finden werde". Seitens des Regierungsvertreters war gegen den Antrag zutreffend angeführt worden, „es gehe doch nicht an, einer Legitimation, die nach den Vorschriften des deutschen internationalen Privatrechts nicht gültig sei, öffentlich-rechtliche Wirkung zuzuerkennen". KomBer. S. 9.

2. Die Annahme an Kindesstatt (Adoption) begründet für sich allein nicht den Erwerb der Staatsangehörigkeit S. auch § 3 Anm. 3.

§ 6.

Durch die Eheschließung mit einem Deutschen erwirbt die Frau die Staatsangehörigkeit des Mannes.

Entwurf § 5.

1. Die Vorschrift wurde von der Kommission in beiden Lesungen unverändert angenommen; der Antrag: 1. prinzipaliter den § 5 zu streichen; 2. eventuell ihm folgenden Zusatz anzufügen: „sofern sie nicht der zuständigen Behörde gegenüber erklärt, auf diese Staatsangehörigkeit zu verzichten", wurde abgelehnt. KomBer. S. 10, 11, 73, 106, 107.

2. Die dem § 5 des früheren Gesetzes entsprechende Vorschrift enthält den in den Gesetzgebungen der meisten Kulturstaaten anerkannten Grundsatz, daß die Frau der Staatsangehörigkeit ihres Mannes folgt. Der Satz ist begründet nicht bloß durch das enge Band der Ehe und die Rücksicht auf die notwendige Einheit der Familie, sondern auch dadurch, daß im anderen Falle die schwierigsten und völlig unhaltbare Zustände entstehen würden. Für die Mitglieder einer Familie sind die Staatsangehörigkeitsverhältnisse möglichst einheitlich zu gestalten. Vgl. KomBer. S. 60.

3. Auf die Kinder aus einer früheren Ehe der Frau erstreckt sich diese Wirkung der Verheiratung nicht; ebensowenig auf uneheliche Kinder der Frau, sofern nicht mit der Verheiratung eine Legitimation eintritt.

4. Wie nach dem bisherigen Rechte wird auch nach dem neuen Gesetze durch eine nichtige Ehe keine Änderung in der Staatsangehörigkeit der Frau bewirkt. Begr. S. 22.

5. Hat der Mann mehrere Staatsangehörigkeiten (s. § 1 Anm. 4), so erwirbt die Frau durch die Eheschließung die mehrfache Staatsangehörigkeit.

6. Bezüglich der materiellen und formellen Erfordernisse zur Eingehung einer gültigen Ehe sind maßgebend die Vorschriften in §§ 1303ff. BGB. International-privatrechtliche Vorschriften über das Eheschließungsrecht enthält Art. 13 EG. z. BGB. Dieser bestimmt:

„Die Eingehung der Ehe wird, sofern auch nur einer der Verlobten ein Deutscher ist, in Ansehung eines jeden der Verlobten nach den Gesetzen des Staates beurteilt, dem er angehört. Das gleiche gilt für Ausländer, die im Inland eine Ehe eingehen.

In Ansehung der Ehefrau eines nach Art. 9 Abs. 3 für tot erklärten Ausländers wird die Eingehung der Ehe nach den deutschen Gesetzen beurteilt.

Die Form einer Ehe, die im Inlande geschlossen wird, bestimmt sich ausschließlich nach den deutschen Gesetzen."

Über Eheschließung Deutscher im Auslande s. Ges. v. 4. Mai 1870 (in der durch Art. 40 EG. z. BGB. abgeänderten Form), KonsGG. § 36 nebst V. v. 25. Okt. 1900 Art. 2 Abs. 2, SchutzgebG. §§ 7, 16. Über Eheschließung vor ausländischen Konsuln s. u. a. die Staatsverträge mit Italien vom 4. Mai 1891 (RGBl. S. 113) Art. 3, mit Japan vom 7. Juli 1911 (RGBl. 867, 971), mit Serbien vom 6. Jan. 1883 (RGBl. S. 62) Art. 10.

§ 7.

Die Aufnahme muß einem Deutschen von jedem Bundesstaat, in dessen Gebiet er sich niedergelassen hat, auf seinen Antrag erteilt werden, falls kein Grund vorliegt, der nach den §§ 3 bis 5 des Gesetzes über die Freizügigkeit vom 1. November 1867 (Bundes-Gesetzbl. S. 55) die Abweisung eines Neuanziehenden oder die Versagung der Fortsetzung des Aufenthalts rechtfertigt.

Der Antrag einer Ehefrau bedarf der Zustimmung des Mannes; die fehlende Zustimmung kann durch die Vormundschaftsbehörde ersetzt werden. Für eine unter elterlicher Gewalt oder unter Vormundschaft stehende Person wird, wenn sie das sechzehnte Lebensjahr noch nicht vollendet hat, der Antrag von dem gesetzlichen Vertreter gestellt; hat sie das sechzehnte Lebensjahr vollendet, so bedarf ihr Antrag der Zustimmung des gesetzlichen Vertreters.

Entwurf § 6.

1. § 7 gewährt jedem Deutschen ein Recht, einen gesetzlichen Anspruch auf „Aufnahme“ in jeden Bundesstaat, d. h. auf Verleihung der Staatsangehörigkeit in diesem Staate, wenn die hier aufgestellten Voraussetzungen vorliegen. Ist dies der Fall, so entscheidet nicht etwa das Ermessen der Behörde über die Aufnahme,

diese muß vielmehr erfolgen und darf nicht versagt werden.

Die Voraussetzungen für die Aufnahme sind

a) nach der positiven Seite hin:

1. Der Nachsuchende muß Deutscher sein, d. h. er muß entweder die Staatsangehörigkeit in einem Bundesstaate (§§ 1, 3) oder die unmittelbare Reichsangehörigkeit (§§ 1, 33 bis 35) besitzen; er muß

2. sich in dem Bundesstaate, in dem er die Staatsangehörigkeit erwerben will, niedergelassen haben, und muß

3. die Aufnahme beantragen.

b) negativ darf keiner der Gründe vorliegen, die nach den §§ 3 bis 5 des Freizügigkeitsgesetzes die Abweisung eines Neuanziehenden oder die Versagung der Fortsetzung des Aufenthaltes rechtfertigen.

2. Hierzu ist noch folgendes zu bemerken.

a) Zu 1 a 1. Wer die Aufnahme in einen anderen Bundesstaat erlangen will, hat durch eine von der zuständigen Behörde ausgestellte Urkunde nachzuweisen, daß er Deutscher ist, also bereits die Staatsangehörigkeit in einem Bundesstaate oder die unmittelbare Reichsangehörigkeit besitzt. Steht die Staats- oder unmittelbare Reichsangehörigkeit des Nachsuchenden sonstwie zweifellos fest, so kann selbstverständlich seitens der Behörde des neuaufnehmenden Bundesstaates von der Erbringung des Nachweises abgesehen werden.

Als Bundesstaat gilt auch Elsaß-Lothringen. § 2.

b) Zu 1 a 2. Der Nachsuchende muß sich in dem Gebiete des betreffenden Bundesstaates „niedergelassen" haben. Unter „Niederlassung" ist mit Rücksicht auf § 1 Nr. 1 des Freizügigkeitsgesetzes vom 1. Nov. 1867 nichts anderes zu verstehen als der Besitz einer eigenen Wohnung oder eines Unterkommens in der betreffenden Gemeinde in Verbindung mit dem erklärten Willen, dort seinen dauernden Aufenthalt zu nehmen (im Gegensatz zu einer bloß vorübergehenden Anwesenheit ohne die Absicht des Bleibens). Vgl. StenBer. des Reichstages 1870 Bd. I S. 260; Entsch. d. RG. in Straff. Bd. 29 S. 393. „Sich niederlassen" heißt: „an einem Orte sein Heim suchen und finden". Preuß. ObVerwGer. Bd. 54, 185. Gründung eines eigenen Hausstandes oder eines Geschäfts ist zur Niederlassung nicht erforderlich.

Die Niederlassung muß vor der Aufnahme erfolgt sein („sich niedergelassen hat"); s. auch § 8 Anm. 3.

c) Zu 1 a 3. Die Aufnahme erfolgt nur auf Antrag der betreffenden Person: ohne Antrag keine Aufnahme. Die Niederlassung oder der Wohnsitz allein begründet keine Staatsangehörigkeit (s. auch § 3 Anm. 2). Eine bestimmte Form ist für den Antrag nicht vorgeschrieben. Es genügt jede unzweideutige Erklärung, die Staatsangehörigkeit erwerben zu wollen. Der Antrag kann bei jeder Verwaltungsbehörde gestellt werden.

d) Zu 1 b. Die §§ 3 bis 5 des Gesetzes über die Freizügigkeit vom 1. Nov. 1867 bestimmen:

§ 3. Insoweit bestrafte Personen nach den Landesgesetzen Aufenthaltsbeschränkungen durch die Polizeibehörde unterworfen werden können, behält es dabei sein Bewenden.

Solchen Personen, welche derartigen Aufenthaltsbeschränkungen in einem Bundesstaate unterliegen, oder welche in einem Bundesstaate innerhalb der letzten zwölf Monate wegen wiederholten Bettelns oder wegen wiederholter Landstreicherei bestraft worden sind, kann der Aufenthalt in jedem anderen Bundesstaate von der Landespolizeibehörde verweigert werden.

Die besonderen Gesetze und Privilegien einzelner Ortschaften und Bezirke, welche Aufenthaltsbeschränkungen gestatten, werden hiermit aufgehoben.

§ 4. Die Gemeinde ist zur Abweisung eines neu Anziehenden nur dann befugt, wenn sie nachweisen kann, daß derselbe nicht hinreichende Kräfte besitzt, um sich und seinen nicht arbeitsfähigen Angehörigen den notdürftigen Lebensunterhalt zu verschaffen und wenn er solchen weder aus eigenem Vermögen bestreiten kann, noch von einem dazu verpflichteten Verwandten erhält. Den Landesgesetzen bleibt vorbehalten, diese Befugnis der Gemeinden zu beschränken.

Die Besorgnis vor künftiger Verarmung berechtigt den Gemeindevorstand nicht zur Zurückweisung.

§ 5. Offenbart sich nach dem Anzuge die Notwendigkeit einer öffentlichen Unterstützung, bevor der neu Anziehende an dem Aufenthaltsorte einen Unterstützungswohnsitz (Heimatsrecht) erworben hat, und weist die Gemeinde nach, daß die Unterstützung aus anderen Gründen, als wegen einer nur vorübergehenden Arbeitsunfähigkeit notwendig geworden ist, so kann die Fortsetzung des Aufenthalts versagt werden.

Nur wenn einer der vorstehend angegebenen Gründe vorliegt, kann die Aufnahme versagt werden, ohne daß aber die Versagung erfolgen muß. Der Behörde steht es frei, trotz des Vorliegens der Gründe die Staatsangehörigkeit zu gewähren. Anderseits ist aber zu betonen, daß, wenn keiner der vorangeführten Gründe vorliegt, die Aufnahme aus anderen Gründen nicht verweigert werden darf. Insbesondere bilden z. B. etwaige Bescholtenheit, nicht geregelte Militärverhältnisse, Nichtaufgabe der bisherigen Staatsangehörigkeit, Nichtbesitz des Unterstützungswohnsitzes keine Versagungsgründe.

3. Zu Abs. 2.

a) In dem Entwurf lautete Abs. 2 folgendermaßen:

Der Antrag einer Ehefrau bedarf der Zustimmung des Mannes, der Antrag einer unter elterlicher Gewalt oder unter Vormundschaft stehenden Person der Zustimmung des gesetzlichen Vertreters.

Die jetzige Fassung beruht auf den Beschlüssen der Kommission. KomBer. S. 15, 17, 73, 107.

b) Was zunächst die Ehefrau anlangt, so sollte nach dem Entwurf deren Aufnahme in keinem Falle ohne die Zustimmung des Ehemannes erfolgen können. Hier hat das Gesetz eine bedeutungsvolle Änderung getroffen. Zwar bedarf auch nach dem Gesetz jeder Antrag einer Ehefrau grundsätzlich zunächst der Zustimmung des Ehemannes. Die fehlende Zustimmung kann aber in allen

Fällen — sei es, daß sie vom Ehemann unrechtmäßig verweigert wird oder aus anderen Gründen nicht beigebracht werden kann — durch die Zustimmung der Vormundschaftsbehörde ersetzt werden. Zuständig ist die Vormundschaftsbehörde desjenigen Gerichts, in dessen Bezirk sich die Ehefrau niedergelassen hat.

c) Bei Personen, die unter elterlicher Gewalt oder unter Vormundschaft stehen, ist zu unterscheiden zwischen solchen unter 16 Jahren und solchen, die das 16. Lebensjahr vollendet haben. Wenn sie das 16. Lebensjahr noch nicht vollendet haben, so bedarf es für die Aufnahme eines Antrages ihres gesetzlichen Vertreters; haben diese Personen das 16. Lebensjahr vollendet, so sind sie zwar berechtigt, den Antrag zu stellen, jedoch bedarf ihr Antrag der Zustimmung ihres gesetzlichen Vertreters. Wird die Zustimmung seitens des gesetzlichen Vertreters versagt, so kann die Aufnahme nicht erfolgen. Eine Ersetzung der fehlenden Zustimmung durch die Zustimmung der Vormundschaftsbehörde ist hier vom Gesetze nicht vorgesehen.

Vollendet ist das 16. Lebensjahr mit Ablauf seines letzten Tages, also mit Beginn (um Mitternacht) des 17. Geburtstages. § 187 Abs. 2 BGB.

Gesetzlicher Vertreter ist der Vater oder die Mutter, wenn ihr die elterliche Gewalt zusteht (§ 1684 BGB.) oder wenn der Minderjährige nicht unter elterlicher Gewalt steht sowie bei sonstigen bevormundeten Personen der Vormund (§§ 1627, 1630, 1773 BGB.).

4. Die Aufnahme wird gemäß § 16 wirksam mit der Aushändigung der von der höheren Verwaltungsbehörde hierüber ausgefertigten Urkunde.

5. Gemäß § 38 erfolgt die Erteilung der Aufnahmeurkunde kostenfrei. Die Kostenfreiheit erstreckt sich nicht auf die Erteilung der Zustimmung der Vormundschaftsbehörde.

6. Gegen die Ablehnung des Antrages auf Aufnahme ist nach § 40 der Rekurs zulässig. Näheres s. § 40.

§ 8.

Ein Ausländer, der sich im Inland niedergelassen hat, kann von dem Bundesstaat, in dessen Gebiete die Niederlassung erfolgt ist, auf seinen Antrag eingebürgert werden, wenn er

1. nach den Gesetzen seiner bisherigen Heimat unbeschränkt geschäftsfähig ist oder nach den deutschen Gesetzen unbeschränkt geschäftsfähig sein würde oder der Antrag in entsprechender Anwendung des § 7 Abs. 2 Satz 2 von seinem gesetzlichen Vertreter oder mit dessen Zustimmung gestellt wird,
2. einen unbescholtenen Lebenswandel geführt hat,
3. an dem Orte seiner Niederlassung eine eigene Wohnung oder ein Unterkommen gefunden hat und
4. an diesem Orte sich und seine Angehörigen zu ernähren imstande ist.

Vor der Einbürgerung ist über die Erfordernisse unter Nr. 2 bis 4 die Gemeinde des Niederlassungsorts und, sofern diese keinen selbständigen Armenverband bildet, auch der Armenverband zu hören.

Entwurf § 7.

1. Dieser Paragraph enthält die Voraussetzungen, denen jeder Ausländer genügen muß, ehe ihm die Aufnahme („Einbürgerung", s. § 3 Nr. 5) erteilt werden kann. Fehlt eine dieser Voraussetzungen, so ist die Einbürgerung überhaupt unzulässig. Anderseits ist aber zu betonen, daß das Vorliegen sämtlicher Voraussetzungen dem Ausländer keineswegs einen Rechtsanspruch auf Einbürgerung gewährt. Ein Recht auf Ein-

bürgerung besteht für den Ausländer nicht, diese ist nur auf Antrag für zulässig erklärt, wobei lediglich das Ermessen der Behörde entscheidet. Jede bundesstaatliche Regierung bleibt berechtigt, dem Ausländer die Einbürgerung zu verweigern, auch wenn die Voraussetzungen des § 8 erfüllt sind. Ebensowenig besteht ein Recht, sich über die Ablehnung des Antrages zu beschweren und sich so die Einbürgerung zu verschaffen. S. auch § 40 Anm. 2. Die bei der Beratung des Gesetzes wiederholt von der Sozialdemokratie gestellten Anträge, im Gesetze dem Ausländer einen Rechtsspruch auf Einbürgerung zu gewähren, sind abgelehnt worden. Vgl. KomBer. S. 17, 19, 20, 23; StenBer. S. 5299ff., 5312B, C, D, 5769A, 5771A, B.

2. Der Ausdruck „Ausländer" umfaßt auch die Staatlosen. Erklärung des Vertreters der verbündeten Regierungen bei der Kommissionsberatung. KomBer. S. 6.

3. Durch die Worte in Abs. 1 „der sich im Inlande niedergelassen hat" und „in dessen Gebiete die Niederlassung erfolgt ist", soll zum Ausdruck gebracht werden, daß künftig die Niederlassung vollzogen sein muß, bevor die Aufnahme erfolgen kann. Begr. S. 22.

4. „Inland" ist das gesamte Gebiet des Deutschen Reichs. Als „Inland" gelten gemäß § 2 Abs. 2 auch die Schutzgebiete. Überhaupt finden gemäß § 35 die Vorschriften des § 8 mit Ausnahme der Vorschrift in Abs. 2 auch auf die unmittelbare Reichsangehörigkeit Anwendung. S. § 35.

5. Über den Begriff der „Niederlassung" s. § 7 Anm. 2b.

6. Wegen des Antrages s. § 7 Anm. 2c.

7. Zu Nr. 1:

a) Hier gelangt der auch im internationalen Recht anerkannte Grundsatz des Bürgerlichen Gesetzbuches zum Ausdruck, daß für Statusrechte das Recht des Heimatsstaates maßgebend ist; da indessen in manchen Fällen, insbesondere wenn es sich um die Wiederaufnahme ehemaliger Deutschen handelt, die Anwendung des deutschen Rechtes erwünscht sein kann, hat das Gesetz eine entsprechende Vorschrift aufgenommen, die übrigens auch mit den Grundsätzen des Bürgerlichen Gesetzbuches über die Geschäftsfähigkeit der Ausländer im Inland (Art. 7 Abs. 3 EG.) im Einklang steht. Begr. S. 22. Das Gesetz verlangt also bezüglich der Geschäftsfähigkeit, daß der Aufzunehmende entweder nach dem Rechte seines Heimatsstaates oder nach deutschem Rechte unbeschränkt geschäftsfähig sei. Darüber hinaus ist noch bestimmt, daß für Personen, die nicht geschäftsfähig sind, der gesetzliche Vertreter den Antrag stellen kann. Damit soll, wie der Vertreter der verbündeten Regierungen bei der Kommissionsberatung erklärte, insbesondere festgestellt werden, daß die mancherlei Vorschriften ausländischer Rechte, wonach behördliche Genehmigung oder dergleichen erforderlich ist, nicht beachtet zu werden brauchen. KomBer. S. 23.

b) Bezüglich der Geschäftsfähigkeit eines Ausländers ist in Art. 7 des EG. zum BGB. bestimmt:

„Die Geschäftsfähigkeit einer Person wird nach den Gesetzen des Staates beurteilt, dem die Person angehört.

Erwirbt ein Ausländer, der volljährig ist oder die rechtliche Stellung eines Volljährigen hat, die Reichsangehörigkeit, so behält er die rechtliche Stellung eines Volljährigen, auch wenn er nach den deutschen Gesetzen nicht volljährig ist.

Nimmt ein Ausländer im Inland ein Rechtsgeschäft vor, für das er geschäftsunfähig oder in der Geschäftsfähigkeit beschränkt ist, so gilt er für dieses Rechtsgeschäft insoweit als geschäftsfähig, als er nach den deutschen Gesetzen geschäftsfähig sein würde. Auf familienrechtliche und erbrechtliche Rechtsgeschäfte sowie auf Rechtsgeschäfte, durch die über ein ausländisches Grundstück verfügt wird, findet diese Vorschrift keine Anwendung."

c) Für die Frage, ob nach deutschem Recht „unbeschränkte Geschäftsfähigkeit" vorliegt, sind maßgebend die §§ 104 bis 115 ff. BGB. In Betracht kommen insbesondere:

„§ 104. Geschäftsunfähig ist:

1. wer nicht das siebente Lebensjahr vollendet hat;
2. wer sich in einem die freie Willensbestimmung ausschließenden Zustande krankhafter Störung der Geistes-

tätigkeit befindet, sofern nicht der Zustand seiner Natur nach ein vorübergehender ist;

3. wer wegen Geisteskrankheit entmündigt ist.

§ 106. Ein Minderjähriger, der das siebente Lebensjahr vollendet hat, ist nach Maßgabe der §§ 107 bis 113 in der Geschäftsfähigkeit beschränkt.

§ 114. Wer wegen Geistesschwäche, wegen Verschwendung oder wegen Trunksucht entmündigt oder wer nach § 1906 unter vorläufige Vormundschaft gestellt ist, steht in Ansehung der Geschäftsfähigkeit einem Minderjährigen gleich, der das siebente Lebensjahr vollendet hat".

d) Zu den von der Kommission hinzugefügten Worten „in entsprechender Anwendung des § 7 Abs. 2 Satz 2" s. die Ausführungen in Anm. 3c zu § 7.

8. Zu Nr. 2:

a) Bei der Beratung wurde wiederholt, sowohl in der Kommission wie im Plenum des Reichstages, beantragt, diese Nummer zu streichen. Der Begriff der „Unbescholtenheit" sei ein „Kautschukbegriff" und „jeder Auslegung fähig". Namens der verbündeten Regierungen wurde der Streichung widersprochen. Es handele sich um einen Begriff, mit dem die Verwaltungsbehörden seit Jahrzehnten gearbeitet hätten, ohne daß daraus Unzuträglichkeiten entstanden seien. Der Streichungsantrag wurde abgelehnt. KomBer. S. 18, 21, 23, 73; StenBer. S. 5299 C, D, 5302 B, 5316 B, C.

b) Der Begriff der „Unbescholtenheit" ist ein tatsächlicher, kein rechtlicher. Die Frage, ob der Antragsteller einen „unbescholtenen Lebenswandel" geführt hat, ist danach zu beantworten, ob sein Gesamtverhalten gesetzlich und sittlich einwandfrei ist. Dabei ist aber besonders zu betonen, daß nicht etwa jede gerichtliche oder polizeiliche Bestrafung unbedingt die Annahme der Bescholtenheit rechtfertigt. Es wird immer auf die näheren Umstände des Einzelfalles ankommen. Anderseits liefert aber auch die Tatsache, daß der Antragsteller bisher noch keine Bestrafung erlitten hat, für sich allein noch nicht den Beweis der Unbescholtenheit und schließt die Berechtigung der Annahme eines bescholtenen Lebenswandels noch keineswegs unbedingt und zwingend aus.

9. Zu Nr. 3.

Erforderlich ist ferner, daß der Antragsteller am Orte seiner Niederlassung eine eigene Wohnung oder ein Unterkommen gefunden hat.

Durch die Fassung „an dem Orte seiner Niederlassung" soll zum Ausdruck gebracht werden, daß die Niederlassung vollzogen sein muß, bevor die Aufnahme erfolgen kann. Begr. S. 22. S. auch Anm. 3.

Über den Begriff der „Niederlassung" s. § 7 Anm. 2b.

In der Kommission war beantragt worden, die Nr. 3 zu streichen. Das hier hervorgehobene Erfordernis des Unterkommens sei schon in dem Satze des Abs. 1 „in dessen Gebiete die Niederlassung erfolgt ist" enthalten. Es sei nicht erfindlich, wie jemand am Orte seiner Niederlassung kein Unterkommen haben könnte. Unterkommen und Niederlassung seien das Gleiche. Seitens des Vertreters der verbündeten Regierungen wurde dagegen ausgeführt: Niederlassung und Unterkommen seien zwei verschiedene Dinge. Ein Student z. B. könne an dem Ort seiner Studien ein Unterkommen haben, ohne daß er dort seine Niederlassung habe. Anderseits könnten z. B. industrielle Arbeiter am Ort ihrer Beschäftigung seit langem eine Niederlassung haben, aber doch einmal eine Zeitlang keine Unterkunft finden und etwa im Freien oder in provisorisch errichteten Baracken kampieren. In Fällen dieser Art erscheine es nur gerechtfertigt, daß die Aufnahme nicht zulässig sei. Der Streichungsantrag wurde abgelehnt. KomBer. S. 18, 21, 23.

10. Zu Nr. 4.

Der Antragsteller muß ferner auch imstande sein, an dem Orte seiner Niederlassung sich und seine Angehörigen zu ernähren. Hierbei kommt es darauf an, daß er sich und seine Angehörigen gerade an dem Orte seiner Niederlassung ernähren kann; daß er dazu etwa an anderen

Orten imstande ist, genügt nicht. In der Kommission war beantragt, die Worte „an diesem Orte" als überflüssig zu streichen, denn der Aufzunehmende müsse imstande sein, sich und seine Angehörigen an jedem Orte Deutschlands zu ernähren. Anderseits solle man an einen Großindustriellen denken, der seine Fabrik in einer Stadt habe, aber seine Niederlassung in einer Villa außerhalb dieser Stadt in einer anderen Gemeinde. Dieser werde nicht imstande sein, am Orte seiner Niederlassung sich zu ernähren. Seitens des Vertreters der verbündeten Regierungen wurde dem Streichungsantrag widersprochen. Das Beispiel, das zur Begründung des Antrags angeführt sei, dürfte nicht zutreffend sein. Der Großunternehmer, der seine Niederlassung in einer Villa außerhalb des Ortes seiner beruflichen Tätigkeit habe, sei doch sehr wohl imstande, an dem Orte seiner Niederlassung sich und die Seinen zu ernähren; denn er sei ohne weiteres in der Lage, die aus seinem Berufe fließenden Einkünfte an diesem Orte zu verwenden. Worum es sich bei den Worten „an diesem Orte" handele, das seien Fälle, in denen jemand sich und die Seinen durch seine Arbeitskraft zu ernähren imstande sei, nur nicht gerade am Orte seiner Niederlassung, weil ihm nämlich da die Arbeitsgelegenheit fehle. Der Antrag wurde abgelehnt. KomBer. S. 18, 21, 23.

Unter den „Angehörigen" sind diejenigen Verwandten des die Einbürgerung Beantragenden zu verstehen, zu deren Unterhalt er gesetzlich verpflichtet ist. Vgl. BGB. §§ 1360 ff., 1601 ff., 1705 ff.

11. Zu Abs. 2:

a) Nur darüber, ob die Erfordernisse unter Nr. 2 bis 4 vorliegen, ist die Gemeinde des Niederlassungsortes, und, sofern diese keinen selbständigen Armenverband bildet, auch der Armenverband zu hören, dagegen nicht auch über den Einbürgerungsantrag selbst und die Zulässigkeit oder Zweckmäßigkeit der Einbürgerung. In der Kommission war der Antrag gestellt worden, die Bestimmung des Entwurfes dahin abzuändern, daß „über das Gesuch“ die Gemeinde des Niederlassungsortes usw. zu hören sei. „Diese wisse über die einschlägigen Verhältnisse am besten Bescheid; sie könne genau angeben, ob die Einbürgerung erwünscht sei oder nicht.“ Regierungsseitig wurde dem Antrag widersprochen. Der Vorschlag verkehre vollständig die Absicht der Regierung. Der Entwurf wolle die Gemeinde vor der Einbürgerung sittlich oder wirtschaftlich bedenklicher Elemente schützen. Der Antrag wolle dagegen die Gemeinde zum Anwalt des Aufzunehmenden gegenüber der aufnehmenden Behörde machen. Der Abänderungsantrag wurde abgelehnt. KomBer. S. 18, 21, 23.

b) Auf die unmittelbare Reichsangehörigkeit (§§ 33ff.) findet die Vorschrift des Abs. 2 keine Anwendung. (§ 35.)

§ 9.

Die Einbürgerung in einen Bundesstaat darf erst erfolgen, nachdem durch den Reichskanzler festgestellt worden ist, daß keiner der übrigen Bundesstaaten Bedenken dagegen erhoben hat; erhebt ein Bundesstaat Bedenken, so entscheidet der Bundesrat. Die Bedenken können nur auf Tatsachen gestützt werden, welche die Besorgnis rechtfertigen, daß die Einbürgerung des Antragstellers das Wohl des Reichs oder eines Bundesstaats gefährden würde.

Die Vorschriften des Abs. 1 finden keine Anwendung

1. auf ehemalige Angehörige des Bundesstaats, bei dem der Antrag gestellt wird, auf deren Kinder oder Enkel sowie auf Personen, die von einem Angehörigen des Staates an Kindesstatt angenommen sind, es sei denn, daß der Antragsteller einem ausländischen Staate angehört,
2. auf Ausländer, die im Deutschen Reiche geboren sind, wenn sie sich in dem Bundesstaate, bei dem

der Antrag gestellt wird, bis zur Vollendung des einundzwanzigsten Lebensjahrs dauernd aufgehalten haben und die Einbürgerung innerhalb zweier Jahre nach diesem Zeitpunkt beantragen.

Entwurf § 7 Abs. 3.

1. Abs. 1 und 2 Nr. 1 sind in der von der Kommission geänderten Fassung an die Stelle des § 7 Abs. 3 des Entwurfs getreten. Die Vorschrift in Abs. 2 Nr. 2 war im Entwurf nicht enthalten, sie wurde von der Kommission neu eingefügt. S. KomBer. S. 25 unten, 26, 32 unten, 33, 73, 107, 109.

Zu Abs. 1:

2. a) Gemäß der Vorschrift in Abs. 1 hat der Reichskanzler in jedem Falle, wenn es sich um die Aufnahme eines Ausländers in einen Bundesstaat, um „Einbürgerung" handelt, vorher bei allen Bundesstaaten eine Rundfrage zu veranlassen, ob Bedenken der im Gesetze näher bezeichneten Art zu erheben sind. Jeder Bundesstaat soll die Möglichkeit haben, Bedenken gegen die Einbürgerung zu äußern. Wenn auch nur ein einziger Bundesstaat Bedenken geltend macht, so entscheidet über den Antrag auf Einbürgerung nicht mehr der Bundesstaat, in den die Einbürgerung beantragt ist, sondern ausschließlich der Bundesrat.

b) Als Bundesstaat gilt auch Elsaß-Lothringen. § 2.

c) Nur „Bedenken" kann der einzelne Bundesstaat erheben, nicht förmlich „Einspruch". In der Kommission wurde beantragt, statt des Wortes „Bedenken" das Wort „Einspruch" zu setzen. „Bedenken" sei ein diplomatischer Ausdruck und besage eigentlich gar nichts. Es liege hier ein Recht vor wie beim Versäumnisurteil. Dagegen wurde seitens eines Vertreters der verbündeten Regierungen bemerkt, daß der Angriff gegen das Wort: „Bedenken" ungerechtfertigt sei. Das Wort „Einspruch" deute auf einen Rechtsanspruch der einzelnen Staaten hin. Soweit wolle man aber gar nicht gehen. Jeder Bundesstaat bleibe souverän; ein anderer Bundesstaat könne nur sagen: „ich habe Bedenken", aber er habe damit noch kein Recht, von sich aus die Aufnahme (Einbürgerung) zu verhindern. Der Ausdruck „Bedenken" entspreche dem Verhältnisse der Bundesstaaten zueinander mehr als der Ausdruck „Einspruch". Der Antrag wurde daraufhin abgelehnt. KomBer. S. 24, 25, 26, 27, 30, 32 unten.

3. a) Der Kreis der Bedenken, die erhoben werden können, ist vom Gesetz in ganz bestimmter Weise begrenzt und eingeschränkt, sie können nur auf „Tatsachen" gestützt werden, welche die Besorgnis rechtfertigen, daß durch die Einbürgerung des Antragstellers das Wohl des Reiches oder eines Bundesstaates gefährdet werde. Diese Bestimmung war im Entwurf nicht enthalten. Die Regierungsvorlage hatte die Art der Bedenken, die von den einzelnen Bundesstaaten sollten geltend gemacht werden können, nicht näher gekennzeichnet. Die Vorschrift wurde von der Kommission eingefügt. KomBer. S. 25, 27, 28, 107, 109. Hiernach sind die Bedenken auf diejenigen Fälle zu beschränken, in denen sie auf eine positive Gefährdung von Reichs- oder Staatsinteressen gestützt werden. Der Umstand, daß für einen anderen Bundesstaat kein Interesse an der Einbürgerung besteht, begründet kein Bedenken im Sinne des Gesetzes.

b) Ferner ist zu betonen, daß die bloße Behauptung, daß eine Gefährdung des Reichs- und Staatswohles vorliege, nicht genügt, es müssen vielmehr die Tatsachen angeführt werden, aus denen eine Gefährdung zu folgern ist. Das wurde auch bei der dritten Lesung im Plenum des Reichstages nochmals scharf hervorgehoben. Vgl. StenBer. S. 5772B, 5773B.

c) Aus der Zugehörigkeit des Antragstellers zu einer bestimmten Religionsgemeinschaft darf ein Bedenken gegen die Einbürgerung nicht hergeleitet werden. Das ist bei der Beratung des Gesetzes mehrfach in bestimmtester

Form ausgesprochen worden. In der Kommission war beantragt, folgende Vorschrift in das Gesetz aufzunehmen:

„Die Einbürgerung darf nicht auf Grund der Zugehörigkeit zu einer in einem deutschen Bundesstaat anerkannten Religionsgemeinschaft versagt werden." KomBer. S. 25, 28.

Zwar wurde seitens des Vertreters der verbündeten Regierungen der Aufnahme dieser Bestimmung in das Gesetz widersprochen. Daß die Aufnahme nicht auf die Zugehörigkeit zu einer in einem deutschen Bundesstaat „anerkannten" Religionsgemeinschaft versagt werden dürfe, sei eine ganz unmögliche Bestimmung. Denn die Frage der Anerkennung von Religionsgemeinschaften sei nicht reichsrechtlich, sondern partikular geregelt. Es herrsche auf diesem Gebiet ein buntscheckiger Rechtszustand. Es lasse sich im Augenblick gar nicht übersehen, welche Religionsgemeinschaften in jedem einzelnen der deutschen Bundesstaaten zugelassen seien. Im übrigen aber werde es einer derartigen Bestimmung überhaupt nicht bedürfen, da namens der verbündeten Regierungen folgende Erklärung abgegeben werden könne:

„Ein Bundesstaat darf Bedenken gegen die Aufnahme eines Ausländers niemals darauf stützen, daß der Ausländer einer Religionsgemeinschaft angehört, die er in seinem eigenen Staatsgebiet anerkannt hat" (KomBer. S. 30).

Von einem Vertreter der preußischen Regierung wurde dann noch erklärt, er könne nur wiederholen, was er bereits bei der Beratung der ersten beiden Absätze des § 7 (im Gesetz § 8) gesagt habe (KomBer. S. 20), daß für die preußische Staatsregierung und ihre Behörden das Glaubensbekenntnis als solches ein maßgebliches Moment bei der Entscheidung über Naturalisationsgesuche nicht bilde. KomBer. S. 30. Der Antrag wurde darauf abgelehnt. KomBer. S. 33. Bei der zweiten Lesung im Plenum des Reichstages wurde er dann in anderer Form nochmals gestellt, aber wiederum abgelehnt, nachdem ein Vertreter der verbündeten Regierungen, insbesondere für das in erster Linie in Betracht kommende Preußen, erklärt hatte, er sei von dem preußischen Minister des Innern ausdrücklich ermächtigt worden, noch einmal mit aller Bestimmtheit die früheren Erklärungen der Regierungsvertreter aufrecht zu erhalten und mit aller Bestimmtheit auszusprechen, daß das Religionsbekenntnis kein maßgebliches Moment bei der Beurteilung von Naturalisationsgesuchen ist. StenBer. S. 5299 C, 5304 A, 5312 B, C.

d) Dagegen können selbstverständlich politische Momente für die Entscheidung von Einfluß sein und als „Bedenken" geltend gemacht werden. Mit Recht wurde in dieser Beziehung bei der Beratung des Gesetzes mehrfach betont, daß dem Staate das Recht zustehen muß, zu prüfen und zu überlegen, welche politischen Elemente er in seinen Verband aufnimmt. Der Staat muß das Recht haben, sich fremder Elemente, deren politische Tätigkeit den Sinn und Zweck seines politischen, staatlichen Daseins bekämpft, zu erwehren und sie von sich fernzuhalten. StenBer. S. 5280 A.

4. Eine bestimmte Frist für die Erhebung der Bedenken ist vom Gesetz nicht vorgeschrieben. Nach der Begründung des Entwurfs (S. 22) ist die Ausführung der Vorschrift in der Weise gedacht, daß den einzelnen Bundesregierungen die erforderlichen Mitteilungen über die aufzunehmenden Personen innerhalb bestimmter Zeiträume und unter Verwendung von Listen gemacht werden. In der Kommission war beantragt, in das Gesetz die Worte „innerhalb einer vom Reichskanzler gesetzten Frist" aufzunehmen. Seitens des Vertreters der verbündeten Regierungen wurde dagegen ausgeführt: Selbstverständlich würde für die Geltendmachung von Bedenken zweckmäßigerweise eine Frist zu setzen sein. In dieser Hinsicht sei von den verbündeten Regierungen geplant, durch Einführung von Listen und Festsetzung von Fristen für Eingang und Erledigung ein denkbar einfaches

Verfahren einzuführen. Aber es empfehle sich nicht, diese Fristen ein für allemal im Gesetze festzulegen. Vielmehr werde es dem Bundesrat überlassen werden können, das Maß der Frist zu bestimmen und die Bestimmung je nach den gemachten Erfahrungen abzuändern. Es hätten ja alle Bundesstaaten ein Interesse daran, daß eine zweckentsprechende Frist festgesetzt werde, da jeder Bundesstaat auf eine sachgemäße Erledigung der bei ihm gestellten Aufnahmeanträge Wert legen müsse. Der Antrag wurde dann abgelehnt. KomBer. S. 26, 30, 32 unten.

5. Zu Abs. 2.

a) In Absatz 2 werden diejenigen Ausnahmefälle behandelt, wo in Abweichung von dem in Abs. 1 aufgestellten Grundsatz die Einbürgerung nicht abhängig ist von der vorherigen Anhörung der übrigen Bundesstaaten, ob Bedenken gegen die Einbürgerung erhoben werden. Die hier genannten Personen kommen also für das in Abs. 1 vorgesehene Verfahren nicht in Betracht. Nach einer Angabe des Vertreters der verbündeten Regierungen bei der Kommissionsberatung ist die Zahl der hiernach gemäß Abs. 2 ausscheidenden Fälle sehr erheblich. Man werde annehmen können, daß annähernd die Hälfte aller Aufnahmegesuche von Ausländern unter diese Ausnahmebestimmung fallen würde. KomBer. S. 32.

6. Zu Nr. 1. Von einer Beteiligung der übrigen Bundesstaaten soll nach Nr. 1 abgesehen werden, wenn zwischen dem Antragsteller und dem aufnehmenden Bundesstaate gewisse Beziehungen bereits bestehen, d. h. wenn der Antragsteller oder seine nächsten Vorfahren diesem Staate früher angehört haben, er auch zu keinem ausländischen Staate in einem Angehörigkeitsverhältnisse steht. Begr. S. 23. Voraussetzung für die Nichtanwendung der Vorschriften des Abs. 1 ist hier noch, daß der die Einbürgerung Beantragende früher in demjenigen Bundesstaat, in den er eingebürgert werden will, die Staatsangehörigkeit besessen hat und ferner, daß er keine ausländische Staatsangehörigkeit besitzt.

Auf Kinder und Enkel der vorerwähnten ehemaligen Bundesstaatsangehörigen sowie auf die von einem Angehörigen des Staates an Kindesstatt angenommenen Personen findet die Ausnahmevorschrift des Abs. 2 ebenfalls nur unter der Voraussetzung Anwendung, daß sie nicht Angehörige eines ausländischen Staates sind. Ausland ist jedes nicht zum Deutschen Reiche gehörige Gebiet.

Bei unehelichen Kindern kommt es darauf an, ob die Mutter ehemalige Angehörige des Bundesstaates war, bei dem der Antrag gestellt wird. S. § 4. Uneheliche Kinder verlieren durch den Verlust der Staatsangehörigkeit seitens ihrer Mutter nicht ihre Staatsangehörigkeit. S. § 17 Nr. 5, § 19.

7. Zu Nr. 2.

a) Die Vorschrift ist von der Kommission eingefügt worden. S. Anm. 1.

b) Bei den Ausländern ist der Ausschluß der Anwendung der Vorschriften in Abs. 1 davon abhängig:

1. daß sie im Deutschen Reiche geboren sind;
2. daß sie sich in demjenigen Bundesstaate, in den sie eingebürgert werden wollen, bis zur Vollendung des 21. Lebensjahres dauernd aufgehalten haben;
3. daß sie die Einbürgerung binnen zwei Jahren nach Vollendung des 21. Lebensjahres beantragen.

Fehlt auch nur eine dieser Voraussetzungen, so ist gemäß Abs. 1 zu verfahren.

c) Ausländer sind auch die Staatlosen. S. § 8 Anm. 2.

d) Wegen des Antrages s. § 7 Anm. 2 c.

e) Vollendet ist das 21. Lebensjahr mit Ablauf seines letzten Tages, also mit Beginn (um Mitternacht) des 22. Geburtstages. § 187 Abs. 2 BGB.

f) Eine kürzere Unterbrechung des Aufenthalts ohne die Absicht, seinen ständigen Aufenthaltsort aufzugeben, schließt selbstredend die Annahme des „dauernden" Aufenthalts nicht aus.

8. Gegen eine auf Grund des § 9 erfolgende Ablehnung von Einbürgerungsanträgen ist ein Rekurs oder sonstige Beschwerde nicht zulässig. S. § 40.

§ 10.

Die Witwe oder geschiedene Ehefrau eines Ausländers, die zur Zeit ihrer Eheschließung eine Deutsche war, muß auf ihren Antrag von dem Bundesstaat, in dessen Gebiete sie sich niedergelassen hat, eingebürgert werden, wenn sie den Erfordernissen des § 8 Abs. 1 Nr. 1, 2 entspricht. Über das Erfordernis unter Nr. 2 ist vor der Einbürgerung die Gemeinde des Niederlassungsorts zu hören.

Entwurf § 8.

1. Die Bestimmung ist gegenüber dem bisherigen Rechte neu. In der Begründung heißt es dazu (S. 23): Die meisten ausländischen Staaten gewähren ihren ehemaligen, mit einem Ausländer verheirateten weiblichen Angehörigen die Möglichkeit, nach Auflösung der Ehe unter erleichterten Formen und Bedingungen ihre ursprüngliche Staatsangehörigkeit wiederzuerwerben, wobei aber aus erklärlichen Gründen fast überall die tatsächliche Wohnsitznahme im Inland zur Voraussetzung gemacht wird. Der Entwurf schließt sich der Auffassung an, daß es in der Billigkeit liegt, Witwen und geschiedenen Ehefrauen, welche die deutsche Staatsangehörigkeit durch Verheiratung mit einem Ausländer verloren haben, den Wiedererwerb der Staatsangehörigkeit in ihrem Heimatstaat ohne Rücksicht auf die armenrechtlichen Erfordernisse des § 7 (im Gesetz § 8) zu ermöglichen. Dabei macht es keinen Unterschied, ob sie die deutsche Staatsangehörigkeit durch Abstammung oder auf andere Weise erworben hatten.

2. In dem Entwurf lautete die Vorschrift:

Der Witwe oder geschiedenen Ehefrau eines Ausländers, die zur Zeit ihrer Eheschließung eine Deutsche war und die sich im Inland niedergelassen hat, wird auf ihren Antrag die Aufnahme von dem Bundesstaate, dem sie früher angehörte, erteilt, wenn sie den Erfordernissen des § 7 Abs. 1 Nr. 1, 2 entspricht. Aber das Erfordernis unter Nr. 2 ist vor der Aufnahme die Gemeinde des Niederlassungsorts zu hören.

Die Fassung des Gesetzes unterscheidet sich von der des Entwurfes dadurch, daß sie 1. schärfer betont, daß ein Rechtsanspruch auf Einbürgerung besteht — „muß eingebürgert werden" —; 2. daß sie den Anspruch auf Einbürgerung nicht beschränkt auf denjenigen Bundesstaat, dem die Witwe oder geschiedene Ehefrau früher angehörte, sondern ihn ausdehnt auf den Bundesstaat, in dessen Gebiet sie sich niedergelassen hat, wobei das Recht, sich für die Niederlassung einen Bundesstaat auszusuchen, unbeschränkt ist.

3. Als Witwe im Sinne des § 10 ist auch die Frau eines für tot erklärten Ausländers anzusehen, wenn die Todeserklärung nach den deutschen Gesetzen wirksam ist. Eine für nichtig erklärte Ehe ist für die Staatsangehörigkeit der Frau ohne Wirkung, so daß hier ein Wiedererwerb der Staatsangehörigkeit überhaupt nicht in Frage kommt. Besondere Vorschriften für diese beiden Fälle waren daher in das Gesetz nicht aufzunehmen. Begr. S. 23.

4. Voraussetzung für das Recht auf Einbürgerung ist, daß die Witwe oder geschiedene Ehefrau zur Zeit ihrer Eheschließung mit dem Ausländer Deutsche war. Ob sie die deutsche Staatsangehörigkeit durch Abstammung oder auf andere Weise erworben hatte, ist gleichgültig. Begr. S. 23.

5. a) Der Rechtsanspruch der Witwe oder geschiedenen Ehefrau auf Einbürgerung besteht ferner nur dann, wenn sie den Erfordernissen des § 8 Nr. 1, 2 entspricht, also nur, wenn sie

1. nach den Gesetzen ihrer bisherigen Heimat unbeschränkt geschäftsfähig ist oder nach den deutschen Gesetzen unbeschränkt geschäftsfähig sein würde oder der

Antrag in entsprechender Anwendung des § 7 Abs. 2 Satz 2 von ihrem gesetzlichen Vertreter oder mit dessen Zustimmung gestellt wird und wenn sie

2. einen unbescholtenen Lebenswandel geführt hat, (worüber vor der Einbürgerung die Gemeinde des Niederlassungsortes gehört werden muß).

Der Antrag, auch hier, wie bei § 8 Abs. 1 Nr. 2 das Erfordernis der Führung eines unbescholtenen Lebenswandels zu streichen, wurde auch hier abgelehnt. KomBer. S. 39, 41, 77, 78; StenBer. S. 5316B, C.

Fehlt auch nur eines dieser Erfordernisse, so besteht kein Rechtsanspruch auf Einbürgerung. Andererseits darf die Einbürgerung auch nicht von weiteren Voraussetzungen oder Bedinguugen abhängig gemacht werden, insbesondere ist nicht der Nachweis zu verlangen, daß die die Einbürgerung Nachsuchende imstande ist, sich und ihre Angehörigen zu ernähren (§ 8 Nr. 4; vgl. auch Anm. 1).

b) Wegen der „unbeschränkten Geschäftsfähigkeit" s. § 8 Anm. 7a, b, c.

Zu dem Begriff der „Unbescholtenheit" s. § 8 Anm. 8b.

Wegen des Begriffes „Niederlassung" s. § 7 Anm. 2b.

6. Gegen die Ablehnung des Antrages auf Einbürgerung ist nach § 40 der Rekurs zulässig. Näheres s. § 40.

7. Gemäß § 16 wird die Einbürgerung wirksam mit der Aushändigung der von der höheren Verwaltungsbehörde hierüber ausgefertigten Urkunde.

8. Nach Abs. 2 § 16 erstreckt sich die Einbürgerung, wenn nicht in der Urkunde ein Vorbehalt gemacht wird, zugleich auf diejenigen Kinder, deren gesetzliche Vertretung dem Eingebürgerten kraft elterlicher Gewalt zusteht. Ausgenommen sind Töchter, die verheiratet sind oder verheiratet gewesen sind. Vgl. hierzu § 16 Anm. 5.

9. Die Einbürgerungsurkunde ist kostenfrei zu erteilen. § 38.

§ 11.

Ein ehemaliger Deutscher, der als Minderjähriger die Reichsangehörigkeit durch Entlassung verloren hat, muß auf seinen Antrag von dem Bundesstaat, in dessen Gebiet er sich niedergelassen hat, eingebürgert werden, wenn er den Erfordernissen des § 8 Abs. 1 entspricht und den Antrag innerhalb zweier Jahre nach der Volljährigkeit stellt. Die Vorschrift des § 8 Abs. 2 findet Anwendung.

1. Die Bestimmung war im Entwurf nicht enthalten, sie ist von der Kommission eingefügt worden. KomBer. S. 34, 39, 74, 76, 109.

2. Die Vorschrift findet nur Anwendung auf solche ehemalige Deutsche, die „als Minderjährige" „durch Entlassung" die Reichsangehörigkeit verloren haben.

a) Minderjährig ist jemand bis zum Eintritt der Volljährigkeit. Die Volljährigkeit tritt ein mit der Vollendung des 21. Lebensjahres. § 2 BGB. Vollendet ist das 21. Lebensjahr mit Ablauf seines letzten Tages, also mit Beginn (um Mitternacht) des 22. Geburtstages. § 187 Abs. 2 BGB. Ist der Geburtstag der 29. Februar eines Schaltjahres, so wird das Lebensjahr auch in Nichtschaltjahren mit dem Ablauf des 28. Februar vollendet. Vgl. § 188 Abs. 3 BGB.

b) Nur auf diejenigen Minderjährigen, die durch „Entlassung" die Reichsangehörigkeit verloren haben, findet die Vorschrift des § 11 Anwendung, nicht auch auf ehemalige Deutsche, die während ihrer Minderjährigkeit die Staatsangehörigkeit durch Legitimation verloren haben. In der Kommission war beantragt worden, auch denjenigen ehemaligen Deutschen, „die ihr Staatsbürgerrecht durch Legitimation während der Minderjährigkeit verloren haben", einen Anspruch auf Wiederaufnahme zu gewähren. Von anderer Seite wurde dieser Antrag als unannehmbar bezeichnet. Ein von einem Ausländer legitimiertes Kind gehe ganz in dessen Familie über. Es sei eine selbstverständliche Folge, daß ein derartiges Kind auch die rechtliche Stellung seiner neuen Familie in bezug auf seine Staatsangehörigkeit teilen müsse. Und ebenso wurde regierungsseitig dagegen angeführt, der Antrag erscheine schon deshalb nicht haltbar, weil das Kind durch die Legitimation in die Familie des Vaters eintrete und so angesehen werde, als ob es dessen ausländische Staatsangehörigkeit von Anfang an geteilt habe. Der Antrag wurde abgelehnt. KomBer. S. 74, 75, 76.

Andererseits kommt es bei dem Verlust durch Entlassung nicht darauf an, wie die Entlassung erfolgt ist. Die Vorschrift bezieht sich nicht bloß auf denjenigen Minderjährigen, der seine Staatsangehörigkeit infolge Entlassung seines Vaters oder seiner Mutter verloren hat, sondern auf alle Minderjährige, die auf irgendeine Weise ohne oder vielleicht gegen ihren Willen aus der Staatsangehörigkeit entlassen sind, gleichviel, ob der Verlust der Staatsangehörigkeit infolge der Entlassung des Vaters oder der Mutter eingetreten oder die Entlassung auf andere Weise (durch den gesetzlichen Vertreter) herbeigeführt ist. KomBer. S. 74.

3. Die Einbürgerung erfolgt nur auf Antrag des ehemaligen Deutschen. Wegen des Antrages s. § 7 Anm. 2c.

Der Antrag muß binnen zwei Jahren nach der Volljährigkeit gestellt sein. Wegen des Eintritts der Volljährigkeit s. Anm. 2a.

4. Der Antragsteller muß sämtlichen Erfordernissen des § 8 Abs. 1 unter Nr. 1 bis 4 entsprechen. Näheres s. dort. Fehlt eines dieser Erfordernisse, so besteht kein Anspruch auf Einbürgerung.

5. Über das Vorliegen der Erfordernisse unter Nr. 2 bis 4 des § 8 ist vor der Einbürgerung die Gemeinde des Niederlassungsorts und, sofern diese keinen selbständigen Armenverband bildet, auch der Armenverband zu hören

(nicht auch über den Einbürgerungsantrag selbst, vgl. § 8 Anm. 11 a).

6. Der Anspruch auf Einbürgerung besteht nur gegenüber demjenigen Bundesstaat, in dessen Gebiet sich der Antragsteller „niedergelassen" hat, nicht auch gegenüber einem anderen Bundesstaate. Wegen des Begriffes „Niederlassung" s. § 7 Anm. 2b.

7. Sind die sämtlichen in § 11 aufgestellten Voraussetzungen erfüllt, so besteht ein Rechtsanspruch auf Einbürgerung, d. h. derjenige Bundesstaat, in dessen Gebiet sich der Antragsteller niedergelassen hat, ist zur Einbürgerung verpflichtet („muß eingebürgert werden"). Gegen die Ablehnung des Antrages ist nach § 40 der Rekurs zulässig. Näheres s. § 40.

8. Die Einbürgerungsurkunde ist kostenfrei zu erteilen. § 38 Abs. 1.

§ 12.

Ein Ausländer, der mindestens ein Jahr wie ein Deutscher im Heere oder in der Marine aktiv gedient hat, muß auf seinen Antrag von dem Bundesstaat, in dessen Gebiet er sich niedergelassen hat, eingebürgert werden, wenn er den Erfordernissen des § 8 Abs. 1 entspricht und die Einbürgerung nicht das Wohl des Reichs oder eines Bundesstaats gefährden würde. Die Vorschriften des § 8 Abs. 2 und des § 9 Abs. 1 finden Anwendung.

1. § 12 setzt fest, unter welchen Voraussetzungen ein Ausländer sich durch aktiven Dienst im Heere oder in der Marine ein Recht auf Einbürgerung erwerben kann. Die Vorschrift war im Entwurf nicht enthalten, sie wurde von der Kommission neu eingefügt. KomBer. S. 34, 39, 78, 80, 110, 111.

2. Die Voraussetzungen, an die das Recht des Ausländers auf Einbürgerung geknüpft ist, sind:

1. Der Ausländer muß mindestens ein Jahr wie ein Deutscher im Heere oder in der Marine aktiv gedient haben;
2. er muß sich in dem Gebiete desjenigen Bundesstaates, in den er eingebürgert werden will, niedergelassen haben;
3. er muß den sämtlichen in § 8 Abs. 1 unter Nr. 1 bis 4 aufgestellten Erfordernissen entsprechen, er muß also insbesondere nach den Gesetzen seiner bisherigen Heimat oder nach den deutschen Gesetzen unbeschränkt geschäftsfähig sein, einen unbescholtenen Lebenswandel geführt haben, ferner an dem Orte seiner Niederlassung eine eigene Wohnung oder ein Unterkommen gefunden haben und an diesem Orte sich und seine Angehörigen ernähren können;
4. er muß den Antrag auf Einbürgerung stellen;
5. die Einbürgerung darf nicht das Wohl des Reiches oder eines Bundesstaates gefährden.

Liegen alle diese Voraussetzungen vor, so hat der Ausländer einen Rechtsanspruch auf Einbürgerung, er „muß“ eingebürgert werden. Fehlt aber auch nur eine von ihnen, so kann die Einbürgerung verweigert werden, ohne daß dem Antragsteller ein Beschwerderecht dagegen zusteht.

3. Hierzu ist noch folgendes zu bemerken.

a) Zu den „Ausländern“ gehören auch die Staatlosen. Erklärung des Vertreters der verbündeten Regierungen in der Kommissionsberatung. KomBer. S. 6.

b) Der Ausländer muß mindestens ein Jahr wie ein Deutscher im Heere oder in der Marine „aktiv gedient haben“. Nach einem in der Kommission gestellten Antrage sollte es genügen, daß der Antragsteller sich zur Erfüllung der

Wehrpflicht bereit erklärt oder die Wehrpflicht erfüllt habe. Regierungsseitig wurde dagegen angeführt: Der Ausdruck „zur Wehrpflicht bereit erklärt" sei deshalb unrichtig, weil es für einen Ausländer keine Wehrpflicht gebe, zu der er sich „bereit" erklären könne. Es sei auch bedenklich, ein Recht auf Einbürgerung an die Ableistung der Wehrpflicht zu knüpfen. Es würden dann Ausländer der Wehrpflicht genügen, um sich so die Staatsangehörigkeit zu erzwingen. Der Antrag wurde abgelehnt. KomBer. 33, 34, 36, 39.

Näheres über „aktiven Dienst" und „Wehrpflicht" s. § 22 Anm. 2b.

c) Die von der Kommission in erster Lesung beschlossene Fassung dieser Bestimmung enthielt noch das Erfordernis, daß der Ausländer „einwandfrei" aktiv gedient haben müsse. Dieses Erfordernis wurde bei der zweiten Lesung gestrichen, im wesentlichen mit Rücksicht darauf, daß schon nach dem in bezug genommenen § 8 Abs. 1 (Nr. 2) das Recht auf Einbürgerung von der Führung eines unbescholtenen Lebenswandels abhängig sei und dieses genüge. Daß nicht jede Vorbestrafung ohne weiteres „Bescholtenheit" begründet, ist bereits zu § 8 ausgeführt. S. dort Anm. 8b. Das gilt auch von militärischen Strafen, insbesondere von Disziplinarstrafen. Darüber herrschte auch in der Kommission Übereinstimmung. „Die ganze Persönlichkeit müsse in Betracht gezogen werden." KomBer. S. 78, 79, 80. Selbstredend wird darüber, ob der Antragsteller auch während der Dienstzeit „einen unbescholtenen Lebenswandel geführt hat", die Militärbehörde zu hören sein. Die Entscheidung aber darüber, ob ein unbescholtener Lebenswandel vorliegt, wird von derjenigen Behörde getroffen, die über die Einbürgerung befindet.

d) Wegen des „Antrages" s. § 7 Anm. 2c.

e) Über den Begriff „Niederlassung" s. § 7 Anm. 2b.

f) Wegen der Erfordernisse des § 8 Abs. 1 s. die Ausführungen zu § 8 Anm. 7 bis 10.

4. Nach § 8 Abs. 2 ist vor der Einbürgerung die Gemeinde des Niederlassungsortes und, wenn diese keinen selbständigen Armenverband bildet, auch der Armenverband über die Erfordernisse unter Nr. 2 bis 4 in § 8 zu hören. Das muß auch hier geschehen. Ein weiteres Recht aber haben die Gemeinde und der Armenverband nicht, insbesondere nicht das Recht, sich darüber zu äußern, ob die Einbürgerung erwünscht ist oder nicht. Vgl. hierzu § 8 Anm. 11a.

5. Gemäß § 9 Abs. 1 darf die Einbürgerung in einen Bundesstaat erst verfolgen, nachdem durch den Reichskanzler festgestellt worden ist, daß keiner der übrigen Bundesstaaten Bedenken dagegen erhoben hat. Erhebt ein Bundesstaat Bedenken, so entscheidet der Bundesrat. In derselben Weise ist auch bei einem Einbürgerungsantrage auf Grund des § 12 zu verfahren. Auch hier können die Bedenken nur auf Tatsachen gestützt werden, welche die Besorgnis rechtfertigen, daß durch die Einbürgerung das Wohl des Reiches oder eines Bundesstaates gefährdet würde. Näheres hierzu s. § 9 Anm. 3a bis d; die Ausführungen gelten auch hier.

6. Gegen Ablehnungen von Anträgen auf Grund des § 12 ist der Rekurs oder eine sonstige Beschwerde nicht zulässig. S. § 40; vgl. auch Anm. 2 am Schluß.

7. Gemäß § 38 ist die Einbürgerungsurkunde kostenfrei zu erteilen.

§ 13.

Ein ehemaliger Deutscher, der sich nicht im Inland niedergelassen hat, kann von dem Bundesstaate, dem er früher angehört hat, auf seinen Antrag eingebürgert werden, wenn er den Erfordernissen des § 8 Abs. 1 Nr. 1, 2 entspricht; dem ehemaligen Deutschen steht gleich, wer von einem solchen abstammt oder an Kindesstatt angenommen ist. Vor der Einbürgerung ist dem

Reichskanzler Mitteilung zu machen; die Einbürgerung unterbleibt, wenn der Reichskanzler Bedenken erhebt.

Entwurf § 9.

1. Die Bestimmung enthält wesentliche Neuerungen gegenüber dem bisherigen Rechte, indem sie die Wiederaufnahme ehemaliger Deutscher erheblich erleichtert. Nach dem früheren Gesetz (§ 21 Abs. 4) kamen für die Wiederaufnahme in ihrem früheren Heimatstaate ohne gleichzeitige Niederlassung darin nur solche Deutsche in Betracht, die ihre Staatsangehörigkeit durch bloße zehnjährige Abwesenheit verloren hatten, nicht auch solche, die sie auf andere Weise eingebüßt hatten. Das neue Gesetz enthält diese Beschränkung nicht, sieht vielmehr bei der Wiederaufnahme aller ehemaligen Deutschen von dem Erfordernisse der Niederlassung im Inlande ab. Außerdem dehnt es diese Erleichterung auch auf die Abkömmlinge von ehemaligen Deutschen aus. Vgl. auch Einleitung S. 16, 17.

2. Für die Würdigung der Bedeutung und des Inhaltes der Vorschrift des § 13 sind von besonderer Wichtigkeit die Ausführungen eines Regierungsvertreters in der Kommission (KomBer. S. 42): Der § 9 des Entwurfs (§ 13 des Gesetzes) stelle einen der wichtigsten Paragraphen der ganzen Gesetzesvorlage dar. Er erfülle den oft vom Reichstag ausgesprochenen Wunsch, die Wiederaufnahme der uns verloren gegangenen Glieder unseres Volkes nach Möglichkeit zu erleichtern. Die Schwierigkeiten, die sich einer solchen Wiederaufnahme unter dem bisherigen Gesetz entgegenstellten, beruhten darauf, daß der Wiedererwerb der Reichsangehörigkeit grundsätzlich die Verlegung des Wohnsitzes in das Inland zur Voraussetzung habe. Diese Voraussetzung hätten viele unserer im Ausland lebenden früheren Staatsangehörigen nicht erfüllen können. Denn im Gegensatze zu den Angehörigen anderer Staaten pflegten die Deutschen, die sich im Ausland eine Existenz gegründet hätten, nicht mehr dauernd in die Heimat zurückzukehren. Nur dann sei nach dem bisherigen

Rechte eine Wiederverleihung der Reichsangehörigkeit ohne Niederlassung im Inland möglich, wenn der Wiederaufzunehmende die Reichsangehörigkeit durch zehnjährigen Aufenthalt im Ausland verloren und keine fremde Staatsangehörigkeit erworben habe. Der Entwurf gehe über diese Bestimmung in dreifacher Richtung hinaus. Einmal sehe er die Möglichkeit der Wiederaufnahme in den Reichsverband ohne Begründung einer inländischen Niederlassung nicht nur für ehemalige Deutsche vor, sondern auch für Abkömmlinge von ehemaligen Deutschen. Sodann bestehe diese Möglichkeit ohne Rücksicht auf den Grund, aus dem der Wiederaufzunehmende oder sein Vorfahr die Reichsangehörigkeit verloren habe. Endlich beschränke sich die Möglichkeit nicht auf staatlose Personen, sondern sei auch für solche frühere Deutsche oder Abkömmlinge von früheren Deutschen gegeben, die eine fremde Staatsangehörigkeit erworben hätten.

Von dieser Erweiterung der Wiederaufnahmemöglichkeit werde die Regierung auf das Entgegenkommendste überall da Gebrauch machen, wo es sich um Personen handle, die für das Deutschtum im Ausland von Nutzen seien. Hierunter fielen zunächst die Vertreter des Handelsstandes. Unsere wirtschaftlichen Beziehungen zum Ausland, unsere Ausfuhr, unsere Seeschiffahrt stützten sich sehr wesentlich auf unsere Kaufleute im Ausland; nicht wenige deutsche Familien seien schon durch mehrere Generationen hindurch in diesem Sinne tätig und ständen so in engster Verbindung mit unserem deutschen Wirtschaftsleben.

Sodann hätte die Regierung die deutschen Gemeinden in Palästina im Auge, die zum Teil schon seit vier oder fünf Generationen dort ansässig seien, die sich stets als gute Deutsche gefühlt und deren Söhne nicht selten sich zum Dienste im deutschen Heere gemeldet hätten.

Weiter würden für die Wiederaufnahme unsere Missionare in Betracht kommen. Es gäbe eine Reihe deutscher Missionare, die sich in jüngeren Jahren genötigt gesehen hätten, ihre Entlassung aus der Reichsangehörigkeit herbeizuführen, um nicht durch die Ausübung ihres idealen Lebensberufs mit ihren heimatlichen Pflichten, insbesondere mit ihrer Militärpflicht, in Konflikt zu kommen. Wir hätten zweifellos allen Anlaß, diese Personen, die ihr Leben so hohen Zielen gewidmet hätten, und die andererseits dem Deutschtum nach verschiedenen Richtungen hin von wesentlichem Nutzen seien, durch das staatsrechtliche Band der Reichsangehörigkeit wieder enger mit ihrer deutschen Heimat zu verbinden.

Endlich empföhlen sich für eine Wiederaufnahme solche Personen, die im Ausland an der Pflege des Deutschtums wesentlichen Anteil nähmen, also beispielsweise im deutschen Vereinsleben, namentlich zur Erhaltung deutscher Kirchen und Schulen, wertvolle Dienste leisteten.

Selbstverständlich solle der § 9 (§ 13 des Gesetzes) nicht dazu dienen, die Verlustgründe des Gesetzes nachträglich wieder aufzuheben. Wer z. B. wegen der Nichterfüllung der Wehrpflicht die Reichsangehörigkeit verliere oder ohne zwingenden Grund eine fremde Staatsangehörigkeit erwerbe, werde im allgemeinen nicht auf Aufnahme nach § 9 (§ 13 des Gesetzes) zu rechnen haben.

3. „Inland" ist das gesamte Gebiet des Deutschen Reichs. Als „Inland" gelten auch die Schutzgebiete. § 2 Abs. 2.

4. Bei Beratung des § 13 in der Kommission wurde beantragt, den hier benannten Personen auch den Erwerb der unmittelbaren Reichsangehörigkeit zu ermöglichen (KomBer. S. 41, 42). Der Antrag, der auch seitens der Regierung keinen Widerspruch fand, wurde von der Kommission angenommen. Die diesbezügliche Bestimmung wurde dann aber nicht hier, sondern auf Veranlassung der

Redaktionskommission dem § 33 als Nr. 2 eingefügt. KomBer. S. 43, 82, 110, 123. Näheres s. § 33.

5. Wegen des Begriffes „Niederlassung" s. § 7 Anm. 2b.

6. Erforderlich für die Einbürgerung ist ein Antrag. Vgl. hierzu § 7 Anm. 2c.

7. Wegen der Erfordernisse des § 8 Abs. 1 Nr. 1 und 2 s. § 8 Anm. 7 und 8.

Wegen der „Abstammung" s. § 4 Anm. 3a. Bezüglich der „Annahme an Kindesstatt" s. § 1741 ff. BGB.

8. In der Kommission wurde beantragt, den letzten Satz des Entwurfes: „Vor der Aufnahme ist dem Reichskanzler Mitteilung zu machen; die Aufnahme unterbleibt, wenn der Reichskanzler Bedenken erhebt" zu streichen. Die Mitwirkung des Reichskanzlers bedeute einen Eingriff in die Souveränität der Einzelstaaten, der unzulässig sei. Seitens des Regierungsvertreters wurde dem Antrag widersprochen. Das Einspruchsrecht komme natürlich nur in Frage, wo die Aufnahme durch einen Bundesstaat erfolge. Allein, auch wo ein Bundesstaat die Aufnahme erteile, werde doch der wesentlichste Zweck der sein, dem Aufzunehmenden den Schutz des Reiches zu vermitteln. Es erscheine deshalb billig und notwendig, das Reich bei der Wiederaufnahme zu beteiligen. Namentlich bei der vorher besprochenen erheblichen Erweiterung des Personenkreises, der für die Wiederaufnahme in Betracht komme (s. Anm. 2), könne die Aufnahme Folgen haben, die vom Standpunkte der auswärtigen Politik beurteilt werden müßten. Es müsse daher die Stelle, die über die auswärtige Politik zu entscheiden habe, bei der Aufnahme ein Prüfungsrecht haben. Der Streichungsantrag wurde daraufhin abgelehnt. KomBer. S. 43, 82.

9. Ein Rechtsanspruch auf Einbürgerung besteht in den Fällen des § 13 nicht; es entscheidet das Ermessen des Bundesstaates, dem der Antragsteller früher angehört hat, bzw. des Reichskanzlers („kann" eingebürgert werden).

Gegen die Ablehnung des Antrages ist der Rekurs oder eine sonstige Beschwerde nicht zulässig. S. § 40.

10. Für die Einbürgerungsurkunde auf Grund des § 13 hat das Gesetz Kostenfreiheit nicht gewährt. S. § 38.

§ 14.

Die von der Regierung oder der Zentral- oder höheren Verwaltungsbehörde eines Bundesstaats vollzogene oder bestätigte Anstellung im unmittelbaren oder mittelbaren Staatsdienst, im Dienste einer Gemeinde oder eines Gemeindeverbandes, im öffentlichen Schuldienst oder im Dienste einer von dem Bundesstaat anerkannten Religionsgesellschaft gilt für einen Deutschen als Aufnahme, für einen Ausländer als Einbürgerung, sofern nicht in der Anstellungs- oder Bestätigungsurkunde ein Vorbehalt gemacht wird.

Diese Vorschrift findet keine Anwendung auf die Anstellung als Offizier oder Beamter des Beurlaubtenstandes.

Entwurf § 10.

1. „Anstellung" ist gleichbedeutend mit dem in § 9 des Gesetzes vom 1. Juni 1870 gebrauchten Ausdruck „Bestallung". Eine sachliche Änderung ist durch den Wechsel der Ausdrücke nicht beabsichtigt. Vielmehr ergibt sich aus § 16 (§ 12 des Entwurfes), daß die Anstellung, um die bezeichnete Wirkung herbeizuführen, die Aushändigung einer Urkunde zur Voraussetzung hat. Begr. S. 24.

Die Voraussetzungen der Anstellung bestimmen sich lediglich nach Beamtenrecht, die Vorschriften der §§ 7 bis 13 kommen für sie nicht in Betracht.

Als „Anstellung" gilt wie bisher nicht nur die Verleihung einer etatsmäßigen Stelle, sondern jede Aufnahme in das Dienstverhältnis.

2. Die Vorschriften des Abs. 1 finden auch Anwendung auf Frauen, die im Dienste eines Bundesstaates angestellt werden. Begr. S. 23, 24.

3. Als „Bestätigung" im Sinne dieses Paragraphen ist eine Verwaltungshandlung einer übergeordneten Behörde dann anzusehen, wenn sie nicht lediglich als eine Kontrolle der Beobachtung der für die Anstellung geltenden Vorschriften darstellt, sondern gesetzlich vorgeschrieben ist, um einer staatlichen Instanz die Möglichkeit der Prüfung zu gewähren, ob der Angestellte die für sein Amt erforderliche Eigenschaft besitzt. Begr. S. 24.

4. Der Erwerb der Staatsangehörigkeit durch Anstellung im Schuldienst ist auf den öffentlichen Schuldienst beschränkt. Eine Anstellung im privaten Schuldienst ist bezüglich des Erwerbes der Staatsangehörigkeit wirkungslos.

5. Als Aufnahme, für den Ausländer als Einbürgerung gilt ferner die Anstellung im Dienste „einer von dem Bundesstaat anerkannten Religionsgesellschaft". Nach dem Entwurf sollte nur die Anstellung „im Kirchendienste" in Betracht kommen. Die jetzige Fassung des Gesetzes beruht auf dem Beschluß des Reichstags in dritter Lesung, StenBer. S. 5773 D, 5774, 5775 A, B, nachdem zuvor in zweiter Lesung ein gleicher Antrag abgelehnt war, StenBer. 5326 C, D, 5327 A, B.

Die Fassung des Gesetzes geht weiter als der Entwurf. Zu betonen bleibt aber besonders, daß nur die Anstellung im Dienste einer anerkannten Religionsgesellschaft in Betracht kommt. Die Anerkennung selbst ist Sache des einzelnen Bundesstaates. Die diesbezüglichen Rechtsverhältnisse sind in den einzelnen Bundesstaaten verschieden.

6. In der Kommission wurde beantragt, die Worte: „sofern nicht in der Anstellungs- oder Bestätigungsurkunde ein Vorbehalt gemacht wird" zu streichen. Für die Aufnahme der Bestimmung liege keinerlei Bedürfnis vor. Wenn sich ein Staat zur Anstellung eines Ausländers entschließe, so

werde er sich zuvor so genau über diesen unterrichtet haben, daß es auch unbedenklich sei, diesem die Staatsangehörigkeit mit der Anstellung zu verleihen. Regierungsseitig wurde darauf hingewiesen, daß auch diese Bestimmung dem geltenden Rechte entspreche. Sie sei notwendig, weil vielfach ein Ausländer, der zwar gerne ein Staatsamt annehme, dennoch nicht immer geneigt sei, durch Annahme der deutschen Staatsangehörigkeit die Staatsangehörigkeit in seinem Heimatlande zu verlieren. Vor allem kämen hier ausländische, in die deutsche Armee eintretende Offiziere in Betracht. Der Abs. 2 treffe diese Fälle gerade nicht, weil er nur von Offizieren des Beurlaubtenstandes, also Reserveoffizieren, spreche, während die türkischen, rumänischen und anderen Staatsangehörigen bei uns als aktive Offiziere eintreten.

Der Streichungsantrag wurde abgelehnt. KomBer. S. 44.

7. Der Erteilung einer besonderen Aufnahme- oder Einbürgerungsurkunde bedarf es in den Fällen des § 14 nicht. Die Anstellung oder Bestätigung gilt als die Aufnahme, für den Ausländer als die Einbürgerung. Wirksam wird in den Fällen des § 14 die Aufnahme oder Einbürgerung mit der Aushändigung der Urkunde über die erfolgte Anstellung. S. § 16.

8. Zu Abs. 2:

Die Vorschrift bezieht sich nur auf Offiziere und Beamte des Beurlaubtenstandes, nicht auch auf ausländische in die deutsche Armee eintretende Offiziere, da diese bei uns regelmäßig aktive Offiziere werden. S. vorstehende Anm. 6.

Unter den Ausdruck „Offizier" fallen auch die Sanitäts- und Veterinäroffiziere. Das ist — wohl unnötigerweise — in der Begründung (S. 24) noch ausdrücklich hervorgehoben.

9. Die Vorschrift des § 14 findet auf die unmittelbare Reichsangehörigkeit keine Anwendung. S. § 35.

§ 15.

Die im Reichsdienst erfolgte Anstellung eines Ausländers, der seinen dienstlichen Wohnsitz in einem Bundesstaate hat, gilt als Einbürgerung in diesen Bundesstaat, sofern nicht in der Anstellungsurkunde ein Vorbehalt gemacht wird.

Hat der Angestellte seinen dienstlichen Wohnsitz im Ausland und bezieht er ein Diensteinkommen aus der Reichskasse, so muß er von dem Bundesstaate, bei dem er den Antrag stellt, eingebürgert werden; bezieht er kein Diensteinkommen aus der Reichskasse, so kann er mit Zustimmung des Reichskanzlers eingebürgert werden.

Entwurf § 11.

1. Während § 14 von den im Staats-, Gemeinde- oder öffentlichen Schuldienste oder im Dienste einer von dem Bundesstaate anerkannten Religionsgesellschaft angestellten Ausländern handelt, werden im § 15 die Staatsangehörigkeitsverhältnisse eines im Reichsdienst angestellten Ausländers geregelt.

Abs. 1 betrifft denjenigen im Reichsdienst angestellten Ausländer, der seinen dienstlichen Wohnsitz in einem Bundesstaat hat. Hier gilt die Anstellung selbst ohne weiteres als „Einbürgerung", wenn nicht in der Anstellungsurkunde ein gegenteiliger Vorbehalt gemacht wird.

Abs. 2 bezieht sich auf einen im Reichsdienst angestellten Ausländer, der seinen dienstlichen Wohnsitz im Auslande hat. Hier kommen dann noch zwei weitere Unterscheidungen in Betracht, je nachdem der Angestellte ein Diensteinkommen aus der Reichskasse bezieht oder nicht. Im ersteren Falle muß er auf seinen Antrag eingebürgert werden, und zwar von demjenigen Bundesstaate, bei dem er den Antrag stellt. Im zweiten Falle, also wenn er seinen dienstlichen Wohnsitz im Auslande hat und kein Diensteinkommen aus der Reichskasse bezieht, kann er eingebürgert werden, jedoch nur mit Zustimmung des Reichskanzlers. Neben der Einbürgerung durch einen Bundesstaat und der dadurch begründeten mittelbaren Reichsangehörigkeit kommt aber für die in Abs. 2 benannten Personen noch die Verleihung der unmittelbaren Reichsangehörigkeit in Betracht, und zwar muß sie dem im Reichsdienst angestellten Ausländer, der seinen dienstlichen Wohnsitz im Auslande hat, verliehen werden, wenn er ein Diensteinkommen aus der Reichskasse bezieht; sie kann ihm verliehen werden, wenn er ein solches Einkommen nicht bezieht. In dem Entwurf war diese Verleihung der unmittelbaren Reichsangehörigkeit nicht vorgesehen. Eine diesbezügliche Bestimmung wurde erst von der Kommission aufgenommen, sie wurde aber schließlich nicht an dieser Stelle, sondern im dritten Abschnitt „unmittelbare Reichsangehörigkeit" als besonderer § 30a (im Gesetz § 34) eingefügt. KomBer. S. 44, 45, 82, 110, 111, 123. Näheres s. § 34.

2. Wegen des Begriffes „Anstellung" s. § 14 Anm. 1.

3. Als „Ausländer" gilt auch der Staatenlose. Erklärung des Vertreters der verbündeten Regierungen in der Kommission. KomBer. S. 6.

Im Falle des Abs. 1 ist eine besondere Einbürgerungsurkunde nicht erforderlich. Die Anstellung gilt als Einbürgerung. Wirksam wird die Einbürgerung mit der Aushändigung der Anstellungsurkunde. § 16 Abs. 1.

4. Zu Abs. 2:

a) Wegen der Verschiedenheit der beiden hier behandelten Fälle vgl. zunächst Anm. 1. Wenn der Angestellte seinen dienstlichen Wohnsitz im Auslande hat und ein Diensteinkommen aus der Reichskasse bezieht, so hat er einen Rechtsanspruch auf Einbürgerung in denjenigen Bundesstaat, bei dem er den Antrag stellt (er „muß" eingebürgert werden).

Gegen die Ablehnung des Antrages auf Einbürgerung ist in diesem Falle nach § 40 der Rekurs zulässig. Näheres s. § 40.

b) Bezieht der Angestellte kein Diensteinkommen aus der Reichskasse, so hat er keinen Rechtsanspruch auf Einbürgerung, diese „kann" erfolgen, wobei in erster Linie das freie Ermessen desjenigen Bundesstaates entscheidet, bei dem der Antrag gestellt wird. Außerdem bedarf es noch der „Zustimmung" des Reichskanzlers. Wird diese versagt, so hat die Einbürgerung zu unterbleiben. Zu betonen ist hierbei bezüglich der „Zustimmung" aber besonders, daß die Vorschriften des § 9 auf die Fälle des § 15 keine Anwendung finden. Das wurde bei der Kommissionsberatung mit Zustimmung des Vertreters der verbündeten Regierungen ausdrücklich festgestellt. KomBer. S. 82. Gegen die Ablehnung des Antrages ist in diesem Falle der Rekurs oder eine sonstige Beschwerde nicht zulässig. S. § 40.

5. Wirksam wird die Einbürgerung hier mit der Aushändigung der darüber ausgefertigten Urkunde. S. § 16 Abs. 1.

6. Für die Einbürgerungsurkunde auf Grund des § 15 hat das Gesetz Kostenfreiheit nicht gewährt. S. § 38.

7. Darüber, inwieweit sich die Einbürgerung auf die Ehefrau und die Kinder des Eingebürgerten erstreckt, s. § 16 Abs. 2.

§ 16.

Die Aufnahme oder Einbürgerung wird wirksam mit der Aushändigung der von der höheren Verwaltungsbehörde hierüber ausgefertigten Urkunde oder der Urkunde über die unter den Voraussetzungen des § 14 oder des § 15 Abs. 1 erfolgte Anstellung.

Die Aufnahme oder Einbürgerung erstreckt sich, insofern nicht in der Urkunde ein Vorbehalt gemacht wird,

zugleich auf die Ehefrau und auf diejenigen Kinder, deren gesetzliche Vertretung dem Aufgenommenen oder Eingebürgerten kraft elterlicher Gewalt zusteht. Ausgenommen sind Töchter, die verheiratet sind oder verheiratet gewesen sind.

Entwurf § 12.

1. Im § 16 wird der Zeitpunkt bestimmt, in dem die Aufnahme oder die Einbürgerung wirksam wird. Im Entwurf war die „Einbürgerung" nicht besonders hervorgehoben. Sie wurde von der Kommission eingefügt als Folge davon, daß in § 3 Nr. 5 die Aufnahme eines Ausländers als Einbürgerung bezeichnet worden ist. S. § 3 Anm. 5. Im übrigen wurden die Bestimmungen des § 16 von der Kommission und dem Plenum des Reichstages unverändert angenommen. KomBer. S. 45, 112, 113; StenBer. 5327 B, 5775 B.

2. Welche Behörde als „höhere Verwaltungsbehörde" anzusehen ist, bestimmt die Landeszentralbehörde. § 39 Abs. 2.

3. In Fällen, wo über die Anstellung und die Bestätigung verschiedene Urkunden ausgestellt werden, ist der Zeitpunkt der Ausstellung der Bestätigungsurkunde maßgebend. Begr. S. 25.

4. Das frühere Gesetz enthielt noch die ausdrückliche Bestimmung (§ 12), daß der Wohnsitz innerhalb eines Bundesstaates für sich allein die Staatsangehörigkeit nicht begründe. Diese Bestimmung ist als überflüssig in das neue Gesetz nicht aufgenommen werden, weil in § 3 die Gründe des Erwerbs der Staatsangehörigkeit in einem Bundesstaate erschöpfend aufgezählt sind. Begr. S. 25. S. auch § 3 Anm. 1.

5. Zu Abs. 2.

a) Der „Vorbehalt" kann sowohl seitens des die Aufnahme oder Einbürgerung Nachsuchenden oder des gemäß

§§ 14, 15 Abs. 1 Angestellten, als auch seitens der aufnehmenden oder anstellenden Behörden gemacht werden.

b) Die Aufnahme oder Einbürgerung erstreckt sich, sofern kein gegenteiliger Vorbehalt in der Urkunde gemacht wird, aber nur auf diejenigen Kinder, bezüglich deren dem Aufgenommenen oder Eingebürgerten kraft elterlicher Gewalt die „gesetzliche Vertretung" zusteht, nicht auch auf diejenigen Kinder, bezüglich deren dem Aufgenommenen oder Eingebürgerten nur die Sorge für die Person zusteht.

Die Frage, ob dem Aufgenommenen oder Eingebürgerten kraft elterlicher Gewalt die gesetzliche Vertretung zusteht, ist gemäß Art. 19 EG. z. BGB. nach deutschem Recht zu beurteilen. In dieser Beziehung sind maßgebend die Vorschriften des BGB. §§ 1627 ff.

§ 1627: „Der Vater hat kraft der elterlichen Gewalt das Recht und die Pflicht, für die Person und das Vermögen des Kindes zu sorgen."

§ 1630: „Die Sorge für die Person und das Vermögen umfaßt die Vertretung des Kindes.

Die Vertretung steht dem Vater insoweit nicht zu, als nach § 1795 ein Vormund von der Vertretung des Mündels ausgeschlossen ist. Das Vormundschaftsgericht kann dem Vater nach § 1796 die Vertretung entziehen."

§ 1634: „Neben dem Vater hat während der Dauer der Ehe die Mutter das Recht und die Pflicht, für die Person des Kindes zu sorgen; zur Vertretung des Kindes ist sie nicht berechtigt, unbeschadet der Vorschrift des § 1685 Abs. 1."

§ 1684: „Der Mutter steht die elterliche Gewalt zu:
1. wenn der Vater gestorben oder für tot erklärt ist;
2. wenn der Vater die elterliche Gewalt verwirkt hat und wenn die Ehe aufgelöst ist.

Im Falle der Todeserklärung beginnt die elterliche Gewalt der Mutter mit dem Zeitpunkte, der als Zeitpunkt des Todes des Vaters gilt."

§ 1685: „Ist der Vater an der Ausübung der elterlichen Gewalt tatsächlich verhindert oder ruht seine elterliche Gewalt, so übt während der Dauer der Ehe die Mutter die elterliche Gewalt mit Ausnahme der Nutznießung aus."

§ 1696: „Ruht die elterliche Gewalt der Mutter wegen Minderjährigkeit, so hat die Mutter das Recht und die Pflicht, für die Person des Kindes zu sorgen; zur Vertretung des Kindes ist sie nicht berechtigt."

§ 1697: „Die Mutter verliert die elterliche Gewalt, wenn sie eine neue Ehe eingeht."

§ 1707: „Der Mutter steht nicht die elterliche Gewalt über das uneheliche Kind zu. Sie hat das Recht und die Pflicht, für die Person des Kindes zu sorgen; zur Vertretung des Kindes ist sie nicht berechtigt."

6. Wegen der Kosten für die Erteilung der Aufnahme- oder Einbürgerungsurkunde s. § 38.

§ 17.

Die Staatsangehörigkeit geht verloren

1. durch Entlassung (§§ 18 bis 24),

2. durch den Erwerb einer ausländischen Staatsangehörigkeit (§ 25),

3. durch Nichterfüllung der Wehrpflicht (§§ 26, 29),

4. durch Ausspruch der Behörde (§§ 27 bis 29),

5. für ein uneheliches Kind durch eine von dem Angehörigen eines anderen Bundesstaats oder von einem Ausländer bewirkte und nach den deutschen Gesetzen wirksame Legitimation,

6. für eine Deutsche durch Eheschließung mit dem Angehörigen eines anderen Bundesstaats oder mit einem Ausländer.

Entwurf § 13.

1. Im § 17 werden die Gründe, aus denen die Staatsangehörigkeit verloren geht, aufgezählt und zwar erschöpfend und mit der Folge, daß es andere Ver-

lustgründe als die hier angeführten nicht mehr gibt. Insbesondere bildet der zehnjährige ununterbrochene Aufenthalt im Auslande ohne Eintragung in die Matrikel eines Reichskonsulats (§ 21 des Ges. v. 1. Juni 1870) keinen Verlustgrund mehr. Näheres s. Einleitung S. 14, 15.

2. Zu Nr. 1 s. die Ausführungen zu §§ 18 bis 24.

3. Zu Nr. 2 s. die Ausführungen zu § 25.

4. Zu Nr. 3. Wegen des Verlustes durch Nichterfüllung der Wehrpflicht s. die Ausführungen zu §§ 26, 29 und § 22 Anm. 1 und 2.

5. Zu Nr. 4 s. die Ausführungen zu §§ 27 bis 29.

6. Zu Nr. 5.

a) Die 25 Bundesstaaten sind aufgeführt in Art. 1 der Reichsverfassung. Als Bundesstaat gilt auch Elsaß-Lothringen. § 2 Abs. 1.

b) Als Ausländer ist jeder anzusehen, der nicht gemäß § 1 die Staatsangehörigkeit in einem Bundesstaate oder die unmittelbare Reichsangehörigkeit besitzt. Als Ausländer gelten auch die Staatlosen. Erklärung des Vertreters der verbündeten Regierungen in der Kommissionsberatung. KomBer. S. 6.

c) In der Begründung des Entwurfs (S. 25) heißt es: Der Verlustgrund der Legitimation eines unehelichen Kindes kann selbstverständlich nur dann in Frage kommen, wenn die Legitimation von dem deutschem Rechte als wirksam anerkannt wird. Vgl. hierüber insbesondere den Artikel 22 des Einführungsgesetzes zum Bürgerlichen Gesetzbuche. Dieser Art. 22 bestimmt:

„Die Legitimation eines unehelichen Kindes sowie die Annahme an Kindesstatt bestimmt sich, wenn der Vater zur Zeit der Legitimation oder der Annehmende zur Zeit der Annahme die Reichsangehörigkeit besitzt, nach den deutschen Gesetzen.

Gehört der Vater oder der Annehmende einem fremden Staate an, während das Kind die Reichsangehörigkeit besitzt, so ist die Legitimation oder die Annahme unwirksam, wenn die nach den deutschen Gesetzen erforderliche Einwilligung des Kindes oder eines Dritten, zu dem das Kind in einem familienrechtlichen Verhältnisse steht, nicht erfolgt ist."

(Wegen der Legitimation unehelicher Kinder „nach den deutschen Gesetzen" s. §§ 1719—1740 BGB. und wegen der Form Art. 11 Abs. 1 Satz 2 EG. z. BGB. wegen der Einwilligung „nach den deutschen Gesetzen" s. §§ 1725—1731 BGB.)

d) In der Kommission wurde beantragt, die Worte „nach den deutschen Gesetzen wirksam" zu streichen, weil die Fassung der Regierungsvorlage zu der falschen Auffassung führen könne, daß auch die „Form" der Legitimation nach deutschen Gesetzen erfolgen müsse, während man nur die materiellen Erfordernisse dem deutschen Recht unterstellen wolle. Regierungsseitig wurde gebeten, den Antrag abzulehnen. Durch die Annahme des Antrages würde in das Gesetz Unklarheit darüber gebracht werden, ob nicht auch eine nach ausländischem Rechte erfolgte Legitimation, die nach unseren Kollisionsnormen privatrechtlich in Deutschland nicht anerkannt werde, zur Herbeiführung des Verlustes der Reichsangehörigkeit genüge. Wir könnten aber unmöglich zugeben, daß eine Legitimation, die privatrechtlich bei uns nicht anerkannt werde, den Verlust der Reichsangehörigkeit zur Folge habe. Eine Änderung der Fassung in dem beantragten Sinne erscheine untunlich; denn man könne für die Beurteilung der öffentlichrechtlichen Wirkung einer Legitimation das materielle deutsche Privatrecht zwar dafür maßgebend erklären, wo es auch nach den deutschen Kollisionsnormen zur Anwendung komme, nicht aber da, wo nach diesen Kollisionsnormen möglicherweise ein fremdes Recht maßgebend sei. Der Antrag wurde darauf zurückgezogen. KomBer. S. 45, 46.

7. Zu Nr. 6. Während eine Deutsche durch die Eheschließung mit dem Angehörigen eines anderen Bundesstaates nur die bisherige Staatsangehörigkeit, nicht aber

zugleich die Reichsangehörigkeit verliert, geht für sie durch die Eheschließung mit einem Ausländer (s. Anm. 6b) zugleich die Eigenschaft als Deutsche und damit die Reichsangehörigkeit verloren.

8. In der Kommission wurde die Anfrage gestellt, ob die Matrikel bestehen bleibe. Regierungsseitig wurde darauf erklärt, die Einrichtung der Konsulatsmatrikel beruhe auf § 12 des Konsulargesetzes vom 8. November 1867. Mit der Eintragung in diese Matrikel sei nach § 21 Abs. 1 des geltenden Staatsangehörigkeitsgesetzes die rechtliche Folge verbunden, daß dadurch die zehnjährige Verlustfrist unterbrochen werde. Diese rechtliche Folge komme mit dem Inkrafttreten des neuen Staatsangehörigkeitsgesetzes selbstverständlich in Wegfall, da durch dieses Gesetz die zehnjährige Verlustfrist aufgehoben werde. Gleichwohl werde die Konsulatsmatrikel als solche bestehen bleiben, da sie nach wie vor ihren Zweck als Informationsmittel für den Konsul sowie als Nachweis der Reichsangehörigkeit für die in dem Konsularbezirke lebenden Deutschen zu erfüllen habe. Wie bekannt, sei durch das neue Konsulatsgebührengesetz vom 17. Mai 1910 die Gebühr für die Eintragung in die Konsulatsmatrikel aufgehoben worden, so daß den Deutschen für die Benutzung dieser Einrichtung keinerlei Kosten entständen. KomBer. S. 95.

§ 18.

Die Entlassung einer Ehefrau kann nur von dem Manne und, sofern dieser ein Deutscher ist, nur zugleich mit seiner Entlassung beantragt werden. Der Antrag bedarf der Zustimmung der Frau.

Entwurf § 14.

1. In der Begründung des Entwurfes heißt es zu dieser Vorschrift (S. 26):

Das Gesetz vom 1. Juni 1870 gewährt dem Ehemanne die Möglichkeit, mit dem Antrag auf Entlassung auch seine Frau staatlos zu machen, sofern nicht in der Entlassungsurkunde die daselbst im § 19 vorgesehene Ausnahme gemacht wird. Ist dem Ehemanne sodann nach einer ausländischen Gesetzgebung das Recht eingeräumt, durch seine Aufnahme in die fremde Staatsangehörigkeit diese zugleich auf seine Frau zu übertragen, so kann unter Umständen ihre rechtliche Lage, z. B. beim ehelichen Güterrecht oder beim Ehescheidungsrecht, ohne ihr Zutun und wider ihren Willen erheblich verschlechtert werden. Dieser Möglichkeit sucht der Entwurf entgegenzutreten, indem er im übrigen auch hierbei den sonst vertretenen Standpunkt der Familienzusammengehörigkeit wahrt. (Vgl. hierzu § 6 Anm. 2.) Die Bestimmung des Entwurfes wurde von der Kommission und dem Plenum des Reichstages ohne Veränderung angenommen. KomBer. S. 48, 85; StenBer. S. 5330 C, 5775 C.

2. Die Frage, ob der Mann „ein Deutscher" ist, muß nach § 1 beurteilt werden. Danach muß der Mann entweder die Staatsangehörigkeit in einem Bundesstaate oder gemäß §§ 33 bis 35 die unmittelbare Reichsangehörigkeit besitzen.

3. Für die Form des Antrages auf Entlassung ist eine bestimmte Vorschrift nicht gegeben. Der Antrag kann daher schriftlich oder mündlich gestellt werden. Das Gleiche gilt bezüglich des Zustimmungsantrages der Frau.

4. Wegen des Zeitpunktes der Wirksamkeit der Entlassung s. §§ 23, 24.

5. Kostenfreiheit hat das Gesetz für die Entlassung in den Fällen des § 18 nicht gewährt. Es dürfen aber für die Erteilung der Entlassungsurkunde an Stempelabgaben und Ausfertigungsgebühren zusammen nicht mehr als drei Mark erhoben werden. S. § 38.

§ 19.

Die Entlassung einer Person, die unter elterlicher Gewalt oder unter Vormundschaft steht, kann nur von

dem gesetzlichen Vertreter und nur mit Genehmigung des deutschen Vormundschaftsgerichts beantragt werden. Gegen die Entscheidung des Vormundschaftsgerichts steht auch der Staatsanwaltschaft die Beschwerde zu; gegen den Beschluß des Beschwerdegerichts ist die weitere Beschwerde unbeschränkt zulässig.

Die Genehmigung des Vormundschaftsgerichts ist nicht erforderlich, wenn der Vater oder die Mutter die Entlassung für sich und zugleich kraft elterlicher Gewalt für ein Kind beantragt und dem Antragsteller die Sorge für die Person dieses Kindes zusteht. Erstreckt sich der Wirkungskreis eines der Mutter bestellten Beistandes auf die Sorge für die Person des Kindes, so bedarf die Mutter zu dem Antrag auf Entlassung des Kindes der Genehmigung des Beistandes.

Entwurf § 15.

1. In der Begründung des Entwurfes heißt es zu dieser Vorschrift (S. 26):

Die deutsche Staatsangehörigkeit ist ein so wertvolles Gut, daß ihre Aufgabe nur durch sehr schwerwiegende Gründe gerechtfertigt werden kann. Dabei kommen neben den privatrechtlichen und wirtschaftlichen ganz besonders auch die öffentlichrechtlichen Interessen des Mündels in Frage. Die Aufgabe, die öffentlich-rechtlichen Interessen zur Geltung zu bringen, ist in ähnlichen Fällen der Staatsanwaltschaft übertragen. Es empfiehlt sich daher, auch hier das Rechtsmittel der Beschwerde (§ 20, § 57 Nr. 9 des Gesetzes über die Angelegenheiten der freiwilligen Gerichtsbarkeit vom 17. Mai 1898 ausdrücklich der Staatsanwaltschaft zu gewähren. Dabei kann aber die weitere Beschwerde, die ihr alsdann wie den übrigen Beteiligten gemäß § 27 des genannten Gesetzes zusteht, nicht lediglich auf die Rüge von Rechtsverletzungen beschränkt bleiben; denn es handelt sich hier regelmäßig um die Beurteilung tatsächlicher Verhältnisse, die jedoch so bedeutsam sind, daß eine möglichst einheitliche Behandlung wünschenswert erscheint.

Die Vorschrift wurde in der Kommission und im Plenum des Reichstages, abgesehen von einem Zusatz in Abs. 2 (s. Anm. 7a), unverändert angenommen. KomBer. S. 50, 85, 112, 113; StenBer. S. 5331 A, 5775 C.

2. Wegen der „elterlichen Gewalt", der „Vormundschaft" und des „gesetzlichen Vertreters" s. § 7 Anm. 3c, § 16 Anm. 5b.

3. Das Gesetz schreibt ausdrücklich die Genehmigung des deutschen Vormundschaftsgerichts vor, um jeden Zweifel darüber auszuschließen, als ob beabsichtigt sei, etwa auch einem ausländischen Vormundschaftsgericht, das über einen deutschen im Ausland wohnenden Mündel die Vormundschaft führt, eine so weitgehende Befugnis einzuräumen. Begr. S. 26.

4. Die Beschwerde gegen die Entscheidung des Vormundschaftsgerichts steht sowohl dem gesetzlichen Vertreter als auch der Staatsanwaltschaft zu („auch" der Staatsanwaltschaft). S. Anm. 1. Auch die Person, die unter elterlicher Gewalt oder unter Vormundschaft steht, hat gegen die Versagung der Genehmigung ein Beschwerderecht, obschon sie zur Stellung des Entlassungsantrages nicht befugt ist. Das wurde bei der Kommissionsberatung ausdrücklich betont und regierungsseitig anerkannt. KomBer. S. 49.

5. Gegen den Beschluß des Beschwerdegerichts ist die weitere Beschwerde unbeschränkt zulässig.

„Unbeschränkt" ist die weitere Beschwerde zugelassen, das heißt, zunächst sachlich sowohl in rechtlicher wie tatsächlicher Beziehung; sie ist also nicht auf die Rüge von Rechtsverletzungen beschränkt, sondern auch wegen der tatsächlichen Verhältnisse zulässig. Damit ist also die Bestimmung in § 27 des Gesetzes über die Angelegenheiten der freiwilligen Gerichtsbarkeit, wonach die weitere Beschwerde auf den Fall beschränkt ist, daß die Entscheidung des Beschwerdegerichts auf einer Verletzung des Gesetzes beruhe, für die Beschwerde gegen Entscheidungen über die Staatsangehörigkeit des Minderjährigen aufgehoben. Aber auch zeitlich ist die weitere Beschwerde unbeschränkt statthaft (s. auch Anm. 1); sie ist, im Gegensatz zur sofortigen Beschwerde, an keinerlei Frist gebunden. Auch in der Kommission wurde auf Anfrage regierungsseitig erklärt, daß die weitere Beschwerde „sowohl zeitlich wie sachlich unbeschränkt sei". KomBer. S. 49.

6. Im übrigen sind für die Einlegung der Beschwerde und der weiteren Beschwerde die Vorschriften des bereits erwähnten Reichsgesetzes über die Angelegenheiten der freiwilligen Gerichtsbarkeit vom 17./20. Mai 1898 maßgebend. Insbesondere kommen in Betracht:

§ 21. „Die Beschwerde kann bei dem Gerichte, dessen Verfügung angefochten wird, oder bei dem Beschwerdegericht eingelegt werden.

Die Einlegung erfolgt durch Einreichung einer Beschwerdeschrift oder durch Erklärung zum Protokolle des Gerichtsschreibers desjenigen Gerichts, dessen Verfügung angefochten wird, oder des Gerichtsschreibers des Beschwerdegerichts."

§ 23. „Die Beschwerde kann auf neue Tatsachen und Beweise gestützt werden."

§ 29. „Die weitere Beschwerde kann bei dem Gericht erster Instanz, bei dem Landgericht oder bei dem Oberlandesgericht eingelegt werden. Erfolgt die Einlegung durch Einreichung einer Beschwerdeschrift, so muß diese von einem Rechtsanwalt unterzeichnet sein. Der Zuziehung eines Rechtsanwalts bedarf es nicht, wenn die Beschwerde von einer Behörde oder von einem Notar eingelegt wird, der in der Angelegenheit für den Beschwerdeführer einen Antrag bei dem Gericht erster Instanz gestellt hat."

7. Zu Abs. 2:

a) Die Worte „und dem Antragsteller die Sorge für die Person dieses Kindes zusteht" waren im Entwurf nicht enthalten, sie wurden vom Reichstag in zweiter Lesung eingefügt. StenBer. 5330 C, D, 5331 A, 5767 B. Nach der Bestimmung bedarf es also in denjenigen Fällen, in denen dem Antragsteller (Vater oder Mutter) die Sorge für die Person des Kindes nicht zusteht, z. B. wenn der Ehemann in einem Ehescheidungsprozeß rechtskräftig allein für schuldig erklärt und ihm demgemäß die Sorge für die Person des Kindes genommen worden ist, der Genehmigung des Vormundschaftsgerichts. Für die Frage, ob dem Antragsteller die Sorge für die Person des Kindes zusteht, sind die Vorschriften in §§ 1627 ff. bis 1637 BGB. maßgebend.

b) Wegen des Beistandes s. §§ 1687 ff. BGB. Ob sich der Wirkungskreis des Beistandes auch auf die Sorge für die Person des Kindes (oder nur auf einzelne Angelegenheiten) erstreckt, ist Tatfrage. Nach § 1688 Abs. 2 entscheidet über den Umfang seines Wirkungskreises die Bestellung.

8. Über den Zeitpunkt der Wirksamkeit der Entlassung s. § 23. Darüber, wann die Entlassung als nicht erfolgt gilt, s. § 24.

9. Kostenfreiheit hat das Gesetz für die Erteilung der Entlassungsurkunde in Fällen des § 19 nicht gewährt. An Stempelabgaben und Ausfertigungsgebühren dürfen aber nicht mehr als drei Mark erhoben werden. S. § 38.

§ 20.

Die Entlassung aus der Staatsangehörigkeit in einem Bundesstaate bewirkt gleichzeitig die Entlassung aus der Staatsangehörigkeit in jedem anderen Bundesstaate, soweit sich der Entlassene nicht die Staatsangehörigkeit in einem anderen Bundesstaate durch eine Erklärung gegenüber der zuständigen Behörde des entlassenden Staates vorbehält. Dieser Vorbehalt muß in der Entlassungsurkunde vermerkt werden.

1. Die Bestimmung war im Entwurf nicht enthalten, sie wurde von der Kommission eingefügt (in erster Lesung als Abs. 2 zu § 16, in zweiter Lesung als selbständiger § 15a). KomBer. S. 50, 52, 113, 114.

2. Als Bundesstaat gilt auch Elsaß-Lothringen. § 2 Abs. 1.

3. „Bewirkt gleichzeitig" heißt: durch die Entlassung aus der Staatsangehörigkeit in einem Bundesstaate geht ohne weiteres ipso jure, ohne daß es eines besonderen Entlassungsaktes bedarf — „durch einen einzigen Rechtsakt", wie in der Kommission bemerkt wurde, KomBer. S. 51 — auch die Staatsangehörigkeit für jeden anderen Bundesstaat verloren, für den sie nicht durch eine Erklärung gegenüber der zuständigen Behörde des entlassenden Staates ausdrücklich vorbehalten wird.

4. Wirksam wird die Entlassung und zwar sowohl gegenüber dem entlassenden Staate als auch gegenüber jedem anderen Bundesstaate, bezüglich dessen die Staatsangehörigkeit nicht ausdrücklich vorbehalten ist, mit der Aushändigung der Entlassungsurkunde. Näheres s. § 23. Darüber, wann die Entlassung als nicht erfolgt gilt, s. § 24.

5. Die Entlassungsurkunde wird nur in den Fällen des § 21 kostenfrei erteilt, also nur, wenn der die Entlassung beantragende Staatsangehörige auch in einem anderen Bundesstaate die Staatsangehörigkeit besitzt und sich diese gemäß § 20 ausdrücklich vorbehält. In allen anderen Fällen dürfen für die Erteilung von Entlassungsurkunden an Stempelabgaben und Ausfertigungsgebühren zusammen nicht mehr als drei Mark erhoben werden. § 38.

6. Darüber, inwieweit gegen die Ablehnung des Antrages auf Entlassung ein Rechtsmittel zulässig ist, s. § 40.

§ 21.

Die Entlassung muß jedem Staatsangehörigen auf seinen Antrag erteilt werden, wenn er die Staats-

angehörigkeit in einem anderen Bundesstaate besitzt und sich diese gemäß § 20 vorbehält.

Entwurf § 16 Abs. 1.

1. Die Bestimmung entspricht dem wesentlichen Inhalte nach dem bisherigen Rechte (§ 15 Abs. 1 des Gesetzes vom 1. Juni 1870). Der Deutlichkeit halber ist auf das Erfordernis eines Antrages ausdrücklich hingewiesen worden.

Im übrigen unterscheidet das Gesetz bezüglich der Entlassung zwei Fälle: bloße Entlassung aus der Staatsangehörigkeit eines Bundesstaates unter Beibehaltung der Staatsangehörigkeit in einem anderen Bundesstaate, also gemäß § 1 unter Beibehaltung der Reichsangehörigkeit (§ 21), oder Entlassung aus der Staatsangehörigkeit unter gleichzeitigem Ausscheiden aus der Reichsangehörigkeit (§ 22).

2. Besitzt der Antragsteller die Staatsangehörigkeit in einem anderen Bundesstaate und behält er sich diese gemäß § 20, also durch eine Erklärung gegenüber der zuständigen Behörde des entlassenden Staates, vor, so hat er ein Recht auf Entlassung aus dem Bundesstaate, bei dem er den Antrag stellt, der Bundesstaat ist zur Entlassung verpflichtet (die Entlassung „muß" erteilt werden). Im Entwurfe hieß es: Die Entlassung „wird erteilt". Durch die auf einem Beschluß der Redaktionskommission (KomBer. S. 115) beruhende Fassung des Gesetzes soll noch deutlicher zum Ausdruck gebracht werden, daß unter den aufgestellten Voraussetzungen ein Rechtsanspruch auf Entlassung besteht. Darauf, ob sich der Antragsteller noch im wehr- oder militärpflichtigen Alter befindet, kommt es für das Recht auf die Entlassung im Falle des § 21 nicht an.

3. Wegen des „Antrages" s. § 7 Anm. 2c.

4. Als Bundesstaat gilt auch Elsaß-Lothringen. § 2 Abs. 1.

5. Gegen die Ablehnung des Antrages auf Entlassung ist in den Fällen des § 21 der Rekurs zulässig. Näheres s. § 40.

6. Über den Zeitpunkt der Wirksamkeit der Entlassung s. § 23; darüber, wann die Entlassung als nicht erfolgt gilt, s. § 24.

7. Nach § 38 Abs. 1 ist im Falle des § 21 die Entlassungsurkunde kostenfrei zu erteilen.

8. Die Bestimmung des § 21 findet nur auf Staatsangehörige, nicht auch auf unmittelbare Reichsangehörige Anwendung. § 35.

§ 22.

Fehlt es an den Voraussetzungen des § 21, so wird die Entlassung nicht erteilt

1. Wehrpflichtigen, über deren Dienstverpflichtung noch nicht endgültig entschieden ist, sofern sie nicht ein Zeugnis der Ersatzkommission darüber beibringen, daß nach der Überzeugung der Kommission die Entlassung nicht in der Absicht nachgesucht wird, die Erfüllung der aktiven Dienstpflicht zu umgehen,
2. Mannschaften des aktiven Heeres, der aktiven Marine oder der aktiven Schutztruppen,
3. Mannschaften des Beurlaubtenstandes der im § 56 Nr. 2 bis 4 des Reichsmilitärgesetzes bezeichneten Art, sofern sie nicht die Genehmigung der Militärbehörde erhalten haben,
4. sonstigen Mannschaften des Beurlaubtenstandes, nachdem sie eine Einberufung zum aktiven Dienste erhalten haben,
5. Beamten und Offizieren, mit Einschluß derer des Beurlaubtenstandes, bevor sie aus dem Dienste entlassen sind.

Aus anderen als den in Abs. 1 bezeichneten Gründen darf in Friedenszeiten die Entlassung nicht versagt werden. Für die Zeit eines Krieges oder einer Kriegsgefahr bleibt dem Kaiser der Erlaß besonderer Anordnungen vorbehalten.

Entwurf § 16 Abs. 2, § 17.

1. In § 22 werden die Fälle neu geregelt, in denen die zum Zwecke der Auswanderung nachgesuchte Entlassung im Interesse der Wehrpflicht verweigert werden soll. Die Vorschriften in Nr. 1, 2 und 5 und die unter Nr. 4 entsprechen im allgemeinen den Vorschriften in Nr. 1, 2 und 3 des § 15 Abs. 2 des Gesetzes vom 1. Juni 1870; die Vorschrift in Nr. 3 ist aus § 60 des Reichsmilitärgesetzes übernommen. Begr. S. 26.

Die Aufzählung der Versagungsgründe in § 22 ist eine erschöpfende mit der Wirkung, daß die Entlassung nur aus den hier angeführten Gründen und aus keinem anderen versagt werden darf. S. Abs. 2.

2. Zu Nr. 1.

a) Die Vorschrift in Nr. 1 enthält zwei Änderungen gegenüber dem bisher geltenden Rechte. Nach § 15 Nr. 1 des Gesetzes vom 1. Juni 1870 hatten alle Wehrpflichtigen, die sich im Alter vom vollendeten 17. bis zum vollendeten 25. Lebensjahre befanden, das daselbst vorgesehene Zeugnis der Ersatzkommission beizubringen. Diese Vorschrift ging einerseits insofern über die Absicht des Gesetzgebers hinaus, als auch solche Wehrpflichtige davon betroffen wurden, über deren Dienstverpflichtung schon vor dem vollendeten 25. Lebensjahr endgültig entschieden war. Andererseits war die Verpflichtung zur Beibringung des Zeugnisses zu eng begrenzt, wenn sie mit der Vollendung des 25. Lebensjahres allgemein aufhören sollte. Zu diesem Zeitpunkt wird zwar über die Dienstpflicht der großen Mehrzahl der Wehrpflichtigen endgültig entschieden sein; immerhin kommen aber Ausnahmefälle vor, in denen die

Regelung der Militärpflicht erst später erfolgt und es liegt kein Grund vor, solche Fälle hier unberücksichtigt zu lassen. Nach dem neuen Gesetz beginnt zwar der Zeitraum, innerhalb dessen die Beibringung des Zeugnisses erforderlich ist, wie bisher mit dem Eintritt der Wehrpflicht, d. h. mit der Vollendung des 17. Lebensjahrs, hört aber ohne Rücksicht auf das Lebensalter erst mit der endgültigen Entscheidung über die Dienstverpflichtung des Wehrpflichtigen auf.

Eine weitere Änderung betrifft den Inhalt des beizubringenden Zeugnisses der Ersatzkommission. Diese hatte bisher zu bescheinigen, daß der Wehrpflichtige die Entlassung nicht bloß in der Absicht nachsucht, um sich der aktiven Dienstpflicht zu entziehen. Diese Vorschrift hat sich nicht bewährt. Sie läßt der weitgehenden Berücksichtigung irgendwelcher Nebenabsichten Raum, wie solche bei der Auswanderung Wehrpflichtiger selten fehlen werden. Die Behörden haben hier zu einer gleichmäßigen Praxis nicht gelangen können. Um die bestehende Unsicherheit zu beseitigen und einen wirksameren Schutz gegen Wehrpflichtverletzungen zu schaffen, ist das Wort „bloß" gestrichen. Die Entscheidung der Ersatzkommission über den Antrag auf Erteilung des Zeugnisses soll demgemäß davon abhängig gemacht werden, ob die Kommission zu der Überzeugung gelangt, daß für das Entlassungsgesuch die Absicht des Wehrpflichtigen, sich der Wehrpflicht zu entziehen, oder aber eine andere Absicht maßgebend ist. Begr. S. 27.

b) Erste Voraussetzung für die Versagung der Entlassung gemäß Nr. 1 ist, daß es sich um „Wehrpflichtige" handelt. Wer ist „wehrpflichtig"? Hierzu ist folgendes zu bemerken:

Das Gesetz unterscheidet zwischen Wehrpflichtigen und Militärpflichtigen. Der weitere Begriff ist der der „Wehrpflicht". Während der Dauer der Militärpflicht heißen die Wehrpflichtigen militärpflichtig. Bezüglich der

Wehrpflicht bestimmt § 4 der Deutschen Wehrordnung vom 22. Nov. 1888 (Fassung v. 22. Juli 1901) gemäß § 1 des Wehrgesetzes vom 9. Nov. 1867, Art. II § 24 des Ges. vom 11. Febr. 1888:

1. Jeder Deutsche ist wehrpflichtig und kann sich in Ausübung dieser Pflicht nicht vertreten lassen.

Ausgenommen von der Wehrpflicht sind nur:

a) die Mitglieder regierender Häuser;

b) die Mitglieder der mediatisierten, vormals reichsständischen und derjenigen Häuser, welchen die Befreiung von der Wehrpflicht durch Verträge zugesichert ist oder auf Grund besonderer Rechtstitel zusteht.

2. Diejenigen Wehrpflichtigen, welche zwar nicht zum Waffendienste, jedoch zu sonstigen militärischen Dienstleistungen, welche ihrem bürgerlichen Berufe entsprechen, fähig sind, können zu solchen herangezogen werden.

3. Die Wehrpflicht beginnt mit dem vollendeten 17. Lebensjahre und dauert bis zum vollendeten 45. Lebensjahre.

Hinsichtlich der Gliederung der Wehrpflicht bestimmt § 5 daselbst:

1. Die Wehrpflicht zerfällt in die Dienstpflicht und die Landsturmpflicht.

2. Die Dienstpflicht ist die Pflicht zum Dienst im Heere oder in der Marine.

Während der Dauer der Wehrpflicht ist jeder Deutsche in der Regel vom vollendeten 20. Lebensjahre bis zum 31. März desjenigen Kalenderjahres, in welchem er das 39. Lebensjahr vollendet, dienstpflichtig.

3. Die Pflicht zum Dienst im Heere wird eingeteilt in:

a) aktive Dienstpflicht } Dienstpflicht im stehenden Heere,
b) Reservepflicht }
c) Landwehrpflicht,
d) Ersatzreservepflicht.

4. Die Pflicht zum Dienst in der Marine wird eingeteilt in:

a) aktive Dienstpflicht } Dienstpflicht in der stehenden
b) Marinereservepflicht } Marine,
c) Seewehrpflicht,
d) Marineersatzreservepflicht.

5. Über Dienstpflicht im Kriege s. § 19.

6. Alle nicht zum Dienst im Heere oder in der Marine eingezogenen Wehrpflichtigen sind landsturmpflichtig.

Bezüglich der Militärpflicht bestimmt die Wehrordnung in § 22 gemäß Art. II § 10 Ges. vom 6. Mai 1880:

1. Die Militärpflicht ist die Pflicht, sich der Aushebung für das Heer oder die Marine zu unterwerfen.

2. Die Militärpflicht beginnt mit dem 1. Januar des Kalenderjahres, in welchem der Wehrpflichtige das 20. Lebensjahr vollendet hat, und dauert so lange, bis über die Dienstverpflichtung der Wehrpflichtigen endgültig entschieden ist.

3. Während der Dauer der Militärpflicht heißen die Wehrpflichtigen „militärpflichtig".

c) Die Entlassung darf nur versagt werden Wehrpflichtigen, „über deren Dienstverpflichtung noch nicht endgültig entschieden ist". Nach der Wehrordnung vom 22. Nov. 1888 gelten für Entscheidungen über Militärpflichtige folgende Grundsätze (soweit sie hier in Betracht kommen):

§ 28. Entscheidungen der Ersatzbehörden im allgemeinen.

1. Die Entscheidungen der Ersatzbehörden werden bedingt durch die Würdigkeit, die Tauglichkeit, die bürgerlichen Verhältnisse und die Rangierung der Militärpflichtigen.

2. Die Entscheidungen sind entweder vorläufige oder endgültige.

3. Die vorläufigen Entscheidungen bestehen in der Zurückstellung Militärpflichtiger von der Aushebung für einen bestimmten Zeitraum.

4. Die endgültigen Entscheidungen bestehen in der

a) Ausschließung vom Dienst im Heere oder in der Marine,
b) Ausmusterung vom Dienst im Heere oder in der Marine,
c) Überweisung zum Landsturm ersten Aufgebots,
d) Überweisung zur Ersatzreserve bzw. Marineersatzreserve,
e) Aushebung für einen Truppen- oder Marineteil.

§ 36. Endgültige Entscheidungen.

1. Endgültige Entscheidungen über Militärpflichtige erfolgen durch die Oberersatzkommission.

Ausnahmen hiervon finden bei außerterminlichen Musterungen, bei den Schiffermusterungen und im Kriege statt, ferner in den Fällen der §§ 39, Z. 2 und 40, Z. 4.

2. Gegen die Entscheidungen der Oberersatzkommissionen steht nur den Militärpflichtigen und ihren zur Reklamation berechtigten Angehörigen eine Berufung an die höheren Instanzen zu.

Gegen die Entscheidungen der Oberersatzkommissionen über die körperliche Brauchbarkeit (Tauglichkeit) der Militärpflichtigen und über die Verteilung der ausgehobenen Mannschaften auf die verschiedenen Waffengattungen und Truppen-(Marine-)teile sowie über die Verteilung der Ersatzreservisten (Marineersatzreservisten) auf die verschiedenen Waffengattungen usw. und Marineteile findet eine Berufung nicht statt.

In Aushebungsbezirken, welche ihren Rekrutenanteil nicht aufzubringen vermögen, kann jedoch gegen die auf Befreiung von der aktiven Dienstpflicht gerichteten Entscheidungen auch seitens des ständigen militärischen Mitgliedes der Oberersatzkommission Berufung an die höhere Instanz eingelegt werden.

3. Die endgültigen Entscheidungen über Militärpflichtige dürfen nur bis zur Endfrist der auf Grund der vorangegangenen Paragraphen (§§ 29—34) zulässigen Zurückstellungen hinausgeschoben werden.

4. Sobald über Militärpflichtige nicht endgültig entschieden werden kann, weil sie sich nicht rechtzeitig vor den

Ersatzbehörden gestellen, bleibt die endgültige Entscheidung (§ 28 Z. 4) bis zu ihrem persönlichen Erscheinen ausgesetzt.

Dieselben bleiben bis zum Erlöschen ihrer Wehrpflicht (nach § 4 Z. 3 bis zum vollendeten 45. Lebensjahre) fortdauernd verpflichtet, sich der Aushebung zu unterwerfen.

§ 39 Z. 2. Die ausnahmsweise Überweisung Militärpflichtiger zum Landsturm ersten Aufgebots kann durch die Ministerialinstanz verfügt werden, wenn in einzelnen Fällen besondere, nicht ausdrücklich vorgesehene Billigkeitsgründe eine weitergehende Berücksichtigung als Überweisung zur Ersatzreserve rechtfertigen.

Auf ganze Berufsklassen darf diese Vergünstigung nicht ausgedehnt werden.

§ 40 Z. 4. Die ausnahmsweise Überweisung anderer als der unter Z. 1, 2 und 3a bezeichneten tauglichen Militärpflichtigen zur Ersatzreserve kann durch die Ersatzbehörden dritter Instanz verfügt werden, wenn besondere, nicht ausdrücklich vorgesehene Billigkeitsgründe eine Befreiung von der Ableistung der aktiven Dienstpflicht gerechtfertigt erscheinen lassen.

Die Entscheidungen der Ersatzbehörden dritter Instanz sind endgültig.

d) Mit der Fassung „nachgesucht wird" soll zum Ausdruck gelangen, daß auch ein von dem gesetzlichen Vertreter für den Wehrpflichtigen gestellter Antrag zu beachten bleibt. Begr. S. 27.

3. Zu Nr. 2:

a) „Mannschaften des aktiven Heeres und der aktiven Marine" sind nach § 38 A Z. 2 und 3, B Z. 1 und 2 des Reichsmilitärgesetzes vom 2. Mai 1874 (RGBl. S. 45):

A 2. Die Kapitulanten vom Beginn bis zum Ablauf oder bis zur Aufhebung der abgeschlossenen Kapitulation;

3. die Freiwilligen und die ausgehobenen Rekruten von dem Tage, mit welchem ihre Verpflegung durch die Militärverwaltung beginnt, Einjährig-

Freiwillige von dem Zeitpunkte ihrer endgültigen Einstellung in einen Truppenteil an, sämtlich bis zum Ablauf des Tages ihrer Entlassung aus dem aktiven Dienste.

B 1. Die aus dem Beurlaubtenstande zum Dienst einberufenen Mannschaften von dem Tage, zu welchem sie einberufen sind, bis zum Ablauf des Tages der Wiederentlassung;

2. alle in Kriegszeiten zum Heeresdienst aufgebotenen oder freiwillig eingetretenen Mannschaften, welche zu keiner der vorgenannten Klassen gehören, von dem Tage, zu welchem sie einberufen sind bzw. vom Zeitpunkte des freiwilligen Eintritts an, bis zum Ablauf des Tages der Entlassung.

b) Hierzu ist im einzelnen noch zu bemerken:

Zu A 2:

Zum Abschluß des Kapitulationsvertrages ist schriftliche Form erforderlich. Ablauf der Kapitulationszeit ist genügend, ein besonderer Entlassungsakt ist nicht erforderlich, stillschweigende Verlängerung des Vertrages aber möglich.

Unteroffizierschüler gehören zum aktiven Heer; nicht aber Unteroffiziervorschüler, auch nicht Schiffsjungen (sie werden regelmäßig unter die in Nr. 1 aufgeführten Wehrpflichtigen fallen).

Zu A 3:

Freiwillige sind auch die Offiziersaspiranten.

Kriegsschüler gehören zum aktiven Heer, nicht aber Kadetten; ebensowenig die Studierenden der Kaiser-Wilhelms-Akademie für das militärärztliche Bildungswesen (wenn sie auch nach § 1 Nr. 3 der Militärstrafgerichtsordnung der Militärstrafgerichtsbarkeit unterstehen).

Die Einstellung in das aktive Heer muß auf Grund einer Entscheidung der zuständigen Aushebungsbehörde erfolgt sein.

Zu B 1:

Zum Beurlaubtenstande gehören nach § 56 des Reichsmilitärgesetzes, Art. II §§ 11, 20, RG. v. 11. Febr. 1888:

a) Mannschaften der Reserve (Marinereserve), Landwehr (Seewehr) und die Mannschaften der Ersatzreserve (Marineersatzreserve);

b) Rekruten, die nach ihrer Aushebung, und Freiwillige, die nach ihrer Annahme bei einem Truppenteil vorläufig in die Heimat beurlaubt werden;

c) die bis zur Entscheidung über ihr ferneres Militärverhältnis zur Verfügung der Ersatzbehörden entlassenen Mannschaften;

d) die vor erfüllter aktiver Dienstpflicht zur Verfügung der Truppenteile beurlaubten Mannschaften (§§ 51, 60 Z. 5 RMG., § 111 Z. 10 der Wehrordnung);

e) die vom Aufruf des Landsturmes Betroffenen oder freiwillig in die Listen Eingetragenen bis zum Beginn des Tages, zu welchem sie einberufen werden (Art. II §§ 26, 30 d. RG. v. 11. Febr. 1888, §§ 100 Z. 2, 121 Z. 4 der Wehrordnung).

Die „Einberufung" der unter B 1 benannten Personen bewirkt die Zugehörigkeit zum aktiven Heere, gleichviel, ob der Einberufene erscheint oder nicht, und zwar vom Beginn des Tages, zu dem die Einberufung erfolgt, bis zu dessen Ablauf.

4. Zu Nr. 3:

Die Bestimmung, daß den in § 56 Nr. 2 bis 4 des Reichsmilitärgesetzes bezeichneten Mannschaften des Beurlaubtenstandes die Entlassung aus der Staatsangehörigkeit nur mit Genehmigung der Militärbehörde erteilt werden darf, war schon in § 60 Nr. 1 RMG. enthalten.

Die in § 56 Nr. 2 bis 4 RMG. bezeichneten, zum Beurlaubtenstande gehörenden Mannschaften sind:

die vorläufig in die Heimat beurlaubten Rekruten und Freiwilligen;

die bis zur Entscheidung über ihr ferneres Militärverhältnis zur Verfügung der Ersatzbehörden entlassenen Mannschaften;

die vor erfüllter aktiver Dienstpflicht zur Verfügung der Truppenteile beurlaubten Mannschaften.

5. Zu Nr. 4:

Unter den hier erwähnten „sonstigen" Mannschaften des Beurlaubtenstandes sind die nicht in Nr. 3 aufgeführten zu verstehen. Ihnen wird gemäß der Vorschrift in Nr. 4 die Entlassung versagt von dem Zeitpunkt ab, an dem sie die Einberufung zum aktiven Dienste erhalten haben bis zu dem Tage, zu dem sie einberufen sind. Unter „Einberufung" ist auch die öffentliche Bekanntgabe der Mobilmachung zu verstehen, auf Grund deren die Mannschaften sich zu stellen haben. Begr. S. 27.

Von dem Tage ab, zu dem sie einberufen sind, bis zum Ablauf des Tages der Wiederentlassung, gehören die Mannschaften des Beurlaubtenstandes gemäß § 38 B 1 RMG. zum aktiven Heere. Während dieser Zeit findet daher auf sie die Bestimmung in Nr. 2 Anwendung. S. Anm. 3a.

6. Zu Nr. 5:

a) Unter „Beamten" sind sowohl Reichs- wie Staatsbeamte, Zivil- wie Militärbeamte und ferner sowohl Beamte im unmittelbaren als auch im mittelbaren Staatsdienste zu verstehen. Ferner bezieht sich die Vorschrift nicht bloß auf diejenigen Beamten, die noch im Dienst aktiv beschäftigt sind, sondern auch auf diejenigen, die unter Bewilligung des gesetzlichen Wartegeldes „einstweilen in den Ruhestand versetzt" oder „zur Verfügung (Disposition)" gestellt sind und auf die „vom Dienste vorläufig enthobenen" („vom Amte suspendierten") Beamten. Vgl. Reichsbeamtengesetz (RGBl. 1907 S. 245) §§ 24ff., 125ff.; Preußische Gesetze v. 7. Mai 1851 §§ 44ff., v. 21. Juli 1852 §§ 48ff.

b) Unter „Offizieren“ sind auch die Sanitäts- und Veterinäroffiziere zu verstehen.

Im übrigen rechnen zu den Offizieren alle dem Heere angehörigen Offiziere, also außer den Offizieren des aktiven Dienststandes, d. h. den zum aktiven Heere gehörenden Offizieren insbesondere auch die zur Disposition gestellten Offiziere sowie die ausdrücklich erwähnten Offiziere des Beurlaubtenstandes.

Zu den „Offizieren“ rechnen natürlich auch die Traindepot-, Zeug-, Feuerwerks- und Festungsbauoffiziere sowie die Feldwebelleutnants, ferner bei der Marine die Marineingenieure, die Torpedoingenieure, die Feuerwerks-, Zeug- und Torpedooffiziere. Dagegen gehören die Deckoffiziere der Marine organisatorisch zu den Personen der Unterklassen des Soldatenstandes, sie stehen nicht im Offizierrange (wenn sie auch in Pensionsangelegenheiten wie Offiziere behandelt werden); sie fallen daher unter Nr. 2.

Im einzelnen ist hierzu noch folgendes zu bemerken:

Die Offiziere à la suite rechnen zu den aktiven Offizieren. Offiziere „von der Armee“ sind Militärpersonen des aktiven Heeres und der aktiven Marine.

Die „zur Disposition gestellten“ Offiziere (z. D.) bleiben Militärpersonen mit Dienstpflicht, die nur infolge der Entbindung vom Amt nicht in Anspruch genommen wird. Sie sind Personen des Soldatenstandes bis zur erfolgten Lösung des Dienstverhältnisses. Durch die Stellung eines Offiziers „zur Disposition“ wird das Dienstverhältnis nicht aufgelöst, die Stellung zur Disposition hat lediglich die Bedeutung eines Ausscheidens aus der Zahl der aktiven Militärpersonen. Beendigt wird das Dienstverhältnis erst dadurch, daß er aus diesem vollständig entlassen oder, wie es in der militärtechnischen Sprache heißt, „verabschiedet“ wird.

Auf Offiziere „a. D.“ findet, auch wenn sie mit der Berechtigung zum Tragen der Uniform entlassen sind, die Vorschrift des § 22 keine Anwendung.

c) Zum Beurlaubtenstande gehören die Offiziere der Reserve und Landwehr, der Marinereserve und Seewehr.

d) Die „Entlassung von Offizieren" erfolgt regelmäßig im Wege der Allerhöchsten Verfügung durch Verabschiedung. Maßgebend für den Zeitpunkt der Entlassung ist nicht das Datum der Verabschiedungsorder, sondern die dienstliche Bekanntgabe, die sich in verschiedenen Formen vollziehen kann. Entsch. d. RMilGer. Bd. 11 S. 250. Tritt die Dienstentlassung (oder Entfernung aus dem Heere) auf Grund gerichtlichen Urteils ein (§§ 30ff., 42 MStGB.; §§ 31, 32, 33, 35 RStGB.), so gilt als Tag der Entlassung der Tag der Rechtskraft des Urteils.

e) Die Worte „mit Einschluß derer des Beurlaubtenstandes" beziehen sich auch auf Militärbeamte. Begr. S. 28.

7. Zu Abs. 2:

a) Die Bestimmung bildet im Entwurf den § 17. Sie wurde von der Kommission an diese Stelle übertragen. KomBer. S. 50, 52, 85, 114, 115.

Die Vorschrift entspricht dem § 17 des Ges. v. 1. Juni 1870. Aus der Vorschrift geht hervor, daß die Aufzählung der Versagungsgründe in Abs. 1 unter Nr. 1 bis 5 eine erschöpfende ist.

b) „Kriegsgefahr." Es genügt, daß ein Krieg droht; daß er bereits erklärt sei, ist nicht erforderlich. In der Kommission war beantragt, die Worte „oder einer Kriegsgefahr" zu streichen. Dieser Antrag wurde von einem Vertreter der verbündeten Regierungen mit der Begründung bekämpft, es sei tatsächlich möglich, daß eine Kriegsgefahr bestehe und zu außerordentlichen Maßnahmen nötige, ohne daß gleich eine Kriegserklärung erfolge. Der Streichungsantrag wurde darauf abgelehnt. KomBer. S. 50, 51, 52.

Nach §§ 111 Z. 2 der deutschen Wehrordnung vom 22. Nov. 1888 „haben bei eintretender allgemeiner Mobilmachung alle im Auslande befindlichen Personen des Beurlaubtenstandes sich unverzüglich in das Inland zurückzubegeben". (RMG. v. 2. Mai 1874 § 58.) Nach §§ 67, 68 MStGB. trifft Freiheitsstrafe (Gefängnis oder Festungshaft) von sechs Monaten bis zu fünf Jahren eine Person des Beurlaubtenstandes, welche nach bekanntgemachter Kriegsbereitschaft oder nach angeordneter Mobilmachung ihrer Einberufung zum Dienste oder einer öffentlichen Aufforderung zur Stellung nicht binnen drei Tagen nach Ablauf der bestimmten Frist Folge leistet. Zur Wahrung der Frist genügt es, wenn der Betreffende sich bei irgendeiner deutschen Zivil- oder Militärbehörde oder bei einem deutschen Konsulat meldet.

8. Gegen die Ablehnung des Antrages auf Entlassung ist gemäß § 40 der Rekurs zulässig. Näheres s. § 40.

9. Wegen der Kosten für die Erteilung der Entlassungsurkunde s. § 38.

§ 23.

Die Entlassung wird wirksam mit der Aushändigung einer von der höheren Verwaltungsbehörde des Heimatstaats ausgefertigten Entlassungsurkunde. Die Urkunde wird nicht ausgehändigt an Personen, die verhaftet sind oder deren Verhaftung oder Festnahme von einer Gerichts- oder Polizeibehörde angeordnet ist.

Soll sich die Entlassung zugleich auf die Ehefrau oder die Kinder des Antragstellers beziehen, so müssen auch diese Personen in der Entlassungsurkunde mit Namen aufgeführt werden.

Entwurf § 18.

1. Zu der Vorschrift wird in der Begründung des Entwurfs (S. 28) ausgeführt:

Die Entlassungsurkunde bleibt ohne Wirkung, so lange sie nicht in die Hände des Antragstellers oder seines Bevollmächtigten oder gesetzlichen Vertreters gelangt ist.

Eine Vorschrift, wonach die Entlassungsurkunde Personen, die verhaftet sind oder verhaftet werden sollen, nicht ausgehändigt zu werden braucht, entspricht dem Bedürfnis, da Personen, die der deutschen Rechtspflege noch nicht Genüge geleistet haben, nicht mit Ausweispapieren versehen werden sollen, und die Zulässigkeit der Einbehaltung derartiger Urkunden auf Zweifel gestoßen ist. Auch würde die Entlassung straffälliger Personen in den Konsulargerichtsbezirken, wenigstens soweit solche noch eine ausländische Staatsangehörigkeit besitzen, deren Ausscheiden aus der Konsulargerichtsbarkeit und damit unter Umständen deren Straflosigkeit zur Folge haben können.

Die Vorschrift des Abs. 2 entspricht dem Grundsatz, wonach der Verlust der Staatsangehörigkeit tunlichst erschwert werden soll.

§ 23 wurde von der Kommission und dem Plenum des Reichstages ohne Erörterung unverändert angenommen. KomBer. S. 52, 85, 114, 115; StenBer. S. 5331 A, 5775 C.

2. Daß die Aushändigung nicht unbedingt an den Antragsteller zu erfolgen braucht, sondern auch an seinen Bevollmächtigten oder gesetzlichen Vertreter geschehen kann, ist schon in der Begründung des Entwurfes hervorgehoben. S. Anm. 1.

3. Welche Behörde als „höhere Verwaltungsbehörde" anzusehen ist, bestimmt die Landeszentralbehörde. § 39 Abs. 2.

4. Darüber, wann die Entlassung trotz Aushändigung der Entlassungsurkunde als nicht erfolgt gilt, s. § 24.

5. Gemäß § 38 ist nur in den Fällen des § 21 die Entlassungsurkunde kostenfrei zu erteilen. In anderen Fällen dürfen an Stempelabgaben und Ausfertigungsgebühren zusammen nicht mehr als drei Mark erhoben werden. S. § 38.

§ 24.

Die Entlassung gilt als nicht erfolgt, wenn der Entlassene beim Ablauf eines Jahres nach der Aushändigung der Entlassungsurkunde seinen Wohnsitz oder seinen dauernden Aufenthalt im Inland hat.

Diese Vorschrift findet keine Anwendung, wenn der Entlassene sich die Staatsangehörigkeit in einem anderen Bundesstaate gemäß § 20 vorbehalten hat.

Entwurf § 19.

1. Die Vorschrift entspricht im wesentlichen der in § 18 Abs. 2 des Ges. v. 1. Juni 1870. Durch sie soll verhindert werden, daß die Entlassung lediglich zu dem Zwecke nachgesucht wird, um auf dem Wege einer Scheinauswanderung lästigen Verpflichtungen gegen das bisherige Vaterland zu entgehen. Begr. S. 28. KomBer. S. 86 unten.

2. a) Im Entwurf war anstatt der Frist von einem Jahre eine solche von sechs Monaten vorgesehen. Die Änderung wurde in der Kommission vorgenommen. KomBer. S. 52 ff., 85 ff.

b) Durch die Fassung „beim Ablauf" eines Jahres ist das entscheidende Merkmal auf das Ende der Frist von einem Jahre verlegt, mit anderen Worten, der Entlassene behält seine Staatsangehörigkeit auch dann, wenn er zwar innerhalb des Jahres seinen Wohnsitz oder dauernden Aufenthalt ins Ausland verlegt, ihn aber beim Ablauf dieser Frist wieder ins Inland zurückverlegt hat. Erklärung des Vertreters der verbündeten Regierungen bei der Kommissionsberatung. KomBer. S. 87.

3. Wegen der „Aushändigung" der Entlassungsurkunde s. § 23 Anm. 2.

4. Der Begriff des Wohnsitzes ist nach dem bürgerlichen Recht zu bestimmen. „Wer sich an einem Orte ständig niederläßt (d. h. dort sein Heim sucht und findet, Entsch. d. Pr. ObVerwGer. Bd. 54, 185; vgl. auch Entsch. d. RG. in Straff.

Bd. 29 S. 393), begründet an diesem Orte seinen Wohnsitz. Der Wohnsitz wird aufgehoben, wenn die Niederlassung mit dem Willen aufgehoben wird, sie aufzugeben." § 7 BGB.

5. Als „Inland" gilt das gesamte Gebiet des Deutschen Reichs. Auch die Schutzgebiete gelten im Sinne dieses Gesetzes als Inland. § 2 Abs. 2.

6. Zu Abs. 2:

a) Die Vorschrift des Abs. 2 lautete im Entwurf:

> Diese Vorschrift findet keine Anwendung, wenn der Entlassene die Staatsangehörigkeit in einem anderen Bundesstaate zur Zeit seiner Entlassung besaß oder bis zum Ablauf der im Abs. 1 bezeichneten Frist erworben hat.

Die Fassung des Gesetzes beruht auf einem Beschlusse der Redaktionskommission. KomBer. S. 71 unten, 117.

b) Der Vorbehalt der Staatsangehörigkeit in einem anderen Bundesstaate muß gemäß § 20 erfolgt sein, d. h. durch eine Erklärung gegenüber der zuständigen Behörde des entlassenden Staates.

c) Als Bundesstaat gilt auch Elsaß-Lothringen. § 2 Abs. 1.

§ 25.

Ein Deutscher, der im Inland weder seinen Wohnsitz noch seinen dauernden Aufenthalt hat, verliert seine Staatsangehörigkeit mit dem Erwerb einer ausländischen Staatsangehörigkeit, wenn dieser Erwerb auf seinen Antrag oder auf den Antrag des Ehemanns oder des gesetzlichen Vertreters erfolgt, die Ehefrau und der Vertretene jedoch nur, wenn die Voraussetzungen vorliegen, unter denen nach den §§ 18, 19 die Entlassung beantragt werden könnte.

Die Staatsangehörigkeit verliert nicht, wer vor dem Erwerbe der ausländischen Staatsangehörigkeit auf seinen Antrag die schriftliche Genehmigung der zuständigen Be-

hörde seines Heimatstaats zur Beibehaltung seiner Staatsangehörigkeit erhalten hat. Vor der Erteilung der Genehmigung ist der deutsche Konsul zu hören.

Unter Zustimmung des Bundesrats kann von dem Reichskanzler angeordnet werden, daß Personen, welche die Staatsangehörigkeit in einem bestimmten ausländischen Staate erwerben wollen, die im Abs. 2 vorgesehene Genehmigung nicht erteilt werden darf.

Entwurf § 21.

1. Die Bestimmung behandelt des näheren den Verlust der Staatsangehörigkeit durch den Erwerb einer ausländischen Staatsangehörigkeit (§ 17 Nr. 2). In der Begründung des Entwurfes wird hierzu folgendes ausgeführt (S. 16): Was den Erwerb einer ausländischen Staatsangehörigkeit betrifft, so wird im allgemeinen angenommen werden können, daß ein im Ausland lebender Deutscher, der auf seinen ausdrücklichen Antrag eine fremde Staatsangehörigkeit erwirbt, auf seine frühere Staatsangehörigkeit keinen Wert mehr legt. Allerdings gibt es Ausnahmefälle, in denen der Antrag auf Erwerb der ausländischen Staatsangehörigkeit lediglich durch die Rücksicht auf die Erwerbsverhältnisse und dergleichen veranlaßt wird. Auch trifft die Annahme eines freiwilligen Verzichts auf die Staatsangehörigkeit selbstverständlich dann nicht zu, wenn die fremde Staatsangehörigkeit nach der Landesgesetzgebung durch Aufenthalt oder Niederlassung oder durch die Geburt innerhalb des Landes oder andere außerhalb der Willensbestimmung der Beteiligten liegende Gründe ohne weiteres erworben wird. Allen diesen Erwägungen trägt der Gesetzentwurf Rechnung, indem er bestimmt, daß der auf Antrag erfolgende Erwerb einer ausländischen Staatsangehörigkeit den Verlust der deutschen Staatsangehörigkeit zur Folge hat, sofern nicht vorher von der Heimatbehörde nach Prüfung aller in Betracht kommenden Verhältnisse die Genehmigung zur Beibehaltung der

bisherigen Staatsangehörigkeit erteilt worden ist. Ähnliche Vorschriften enthalten auch die Gesetzgebungen der meisten anderen Länder. In der Tat ist eine doppelte Staatsangehörigkeit wenig erwünscht. Denn wer zwei Staaten zugleich angehört, wird häufig gegenüber dem einen seine Pflichten, besonders die Militärpflicht, nicht in vollem Umfang erfüllen können. Auch bildet das doppelte Staatsangehörigkeitsverhältnis erfahrungsgemäß die Quelle von Verwickelungen zwischen den beteiligten Staaten, vor allem, wenn der eine Staat den Angehörigen gegenüber dem anderen Staate in Schutz nimmt.

Die Vorschrift wurde nach Ablehnung verschiedener Abänderungsanträge von der Kommission und auch im Plenum des Reichstages unverändert angenommen. KomBer. S. 57, 58, 89, 116, 117; StenBer. S. 5331 A, 5775 C.

2. Hervorzuheben ist besonders, daß der Verlust der Staatsangehörigkeit nur eintreten soll, wenn der Beteiligte weder seinen Wohnsitz noch seinen dauernden Aufenthalt im Inland hat. „Inland" ist das gesamte Gebiet des Deutschen Reichs. Die Schutzgebiete gelten im Sinne dieses Gesetzes als Inland (§ 2 Abs. 2).

Wegen des Begriffes „Wohnsitz" s. § 24 Anm. 4.

3. Wegen des „Antrages" s. § 7 Anm. 2 c.

4. Wegen des „gesetzlichen Vertreters" s. § 7 Anm. 3 c.

5. Handelt es sich um eine Ehefrau, so muß der Antrag auf Erwerb einer ausländischen Staatsangehörigkeit von dem Ehemann mit Zustimmung der Ehefrau gestellt werden; zugleich muß der Ehemann, sofern er ein Deutscher ist, für seine Person den Eintritt in die fremde Staatsangehörigkeit beantragen. § 18.

6. Handelt es sich um eine Person, die unter elterlicher Gewalt oder Vormundschaft steht, so muß die erforderliche Genehmigung vom deutschen Vormundschaftsgericht erteilt werden. S. § 19 Anm. 3.

7. Zu einer näheren Erörterung gab in der Kommission Anlaß die Frage des Verhältnisses der Bestimmungen des

§ 25 (Entwurf § 21) zu § 36 (Entwurf § 31), wonach „unberührt bleiben die Staatsverträge, die von den Bundesstaaten mit ausländischen Staaten vor dem Inkrafttreten dieses Gesetzes geschlossen sind".

Hierzu wurde (KomBer. S. 88) auf die in der Literatur vertretene Rechtsauffassung hingewiesen, wonach durch die Bestimmung des § 36 zwar Elsaß-Lothringen, für die die „Bancroftverträge" nicht in Frage kämen, durch freiwilligen Erwerb der nordamerikanischen Staatsangehörigkeit ihre deutsche Staatsangehörigkeit gemäß der Bestimmung des § 25 des neuen Gesetzes sofort verlören, während die übrigen Deutschen ihre Staatsangehörigkeit erst nach fünfjährigem Aufenthalt in den Vereinigten Staaten verlieren würden. Diese Ansicht sei unrichtig und es sei doch wohl auch die übereinstimmende Meinung der Kommission, daß nach der Bestimmung des § 25 des neuen Gesetzes alle Deutschen sofort mit dem freiwilligen Erwerb jeder beliebigen fremden Staatsangehörigkeit ihre deutsche Staatsangehörigkeit trotz der im § 36 (§ 31 des Entwurfs) aufrechterhaltenen Staatsverträge, z. B. also auch der Bancroftverträge, verlieren sollten. Regierungsseitig wurde diesen Ausführungen durchaus zugestimmt. Es sei die Ansicht, daß der § 25 mit den sogenannten Bancroftverträgen in Widerspruch stehe, nicht zutreffend. Ein solcher Widerspruch solle darin liegen, daß nach den Bancroftverträgen der Verlust der Reichsangehörigkeit infolge des Erwerbes des amerikanischen Bürgerrechts erst nach fünf Jahren eintritt, während nach dem § 25 der Erwerb dieses Bürgerrechts den Verlust der Reichsangehörigkeit sofort zur Folge haben würde. Es könne keinem Zweifel unterliegen, daß nach dem Inkrafttreten des § 25 (im Entwurf § 21) der Erwerb des amerikanischen Bürgerrechts den sofortigen Verlust der Reichsangehörigkeit nach sich ziehe. Im übrigen könne auf die in der ersten Lesung zu § 31 (im Gesetz § 36) gemachten Ausführungen Bezug genommen werden. Vgl. hierzu und insbesondere wegen der Bancroftverträge auch § 36 Anm. 5.

8. Zu Abs. 2.

a) In der Kommission war beantragt worden, den Abs. 2 zu streichen, um dadurch die Möglichkeit einer deutschen Staatsangehörigkeit neben einer ausländischen gänzlich zu beseitigen. Es verstoße die Möglichkeit des Besitzes zweier Staatsangehörigkeiten gegen die deutsche Treue, man könne nur einem Herrn dienen. Seitens der verbündeten Regierungen wurde dagegen geltend gemacht: Auch die verbündeten Regierungen ständen auf dem Standpunkt, daß die internationale mehrfache Staatsangehörigkeit grundsätzlich höchst unerwünscht sei. Ihre völlige Beseitigung sei jedoch praktisch nicht durchführbar. Zunächst trete sie nach dem Entwurf allgemein ein, sofern ein Deutscher eine fremde Staatsangehörigkeit ohne seinen Willen, also insbesondere auf Grund eines im Ausland bestehenden jus soli, erwerbe. Es wäre aber unbillig, einen Deutschen in diesem Falle ohne weiteres seiner Reichsangehörigkeit für verlustig zu erklären. Ferner könnten Umstände vorliegen, die einen Deutschen zwängen, zur Wahrung wesentlicher Interessen die Aufnahme in einem fremden Staate nachzusuchen, ohne daß er dadurch sein Deutschtum aufgebe. Es sei hier insbesondere daran zu denken, daß die Gesetzgebung mancher Staaten, z. B. Rußlands, Ausländern den Erwerb und Besitz von inländischen Grundstücken untersage. Erbe nun etwa ein Deutscher ein in einem solchen Staate liegendes Besitztum, so könne unter Umständen der Wohlstand oder selbst die materielle Existenz seiner Familie davon abhängen, daß er nicht zur Veräußerung des Besitztums gezwungen werde. Denn der Veräußerungszwang sei ja natürlich in solchem Falle den Kaufinteressenten bekannt und so würden sie mit Angeboten zurückhalten, bis der Eigentümer genötigt sei, sich seines Eigentumes zu einem Schleuderpreise zu begeben. In solchen Fällen sei es Gebot der Billigkeit, dem deutschen Erben die Beibehaltung der Reichsangehörigkeit zu gestatten. Selbstverständlich werde dies nur dann geschehen, wenn Verwickelungen nicht zu befürchten seien. Der Streichungsantrag wurde darauf abgelehnt. KomBer. S. 57, 58.

b) Die Genehmigung zur Beibehaltung der Staatsangehörigkeit muß vor dem Erwerb der ausländischen Staatsangehörigkeit bei der zuständigen Behörde des Heimatsstaates beantragt werden.

Ein Recht auf Erteilung der Genehmigung besteht nicht. Die Behörde entscheidet vielmehr nach freiem Ermessen. Bei der Prüfung des Antrages wird ebensosehr darauf Rücksicht zu nehmen sein, welche Billigkeitsgründe für die Erteilung der Genehmigung sprechen, wie darauf, ob diese etwa aus Gründen des Staats- oder Reichswohls zu versagen ist. S. Anm. 8a. Gegen die Versagung der Genehmigung hat das Gesetz ein Rechtsmittel nicht gegeben. S. § 40.

9. Zu Abs. 3 heißt es in der Begründung des Entwurfs (S. 29): Das politische Interesse des Reiches kann es erfordern, daß der Reichskanzler in der Lage ist, die Beibehaltung der deutschen Staatsangehörigkeit beim Erwerbe der Staatsangehörigkeit in einem bestimmten ausländischen Staate allgemein zu verhindern. Hierbei werden hauptsächlich solche Staaten in Frage kommen, die von den Aufzunehmenden etwa die Abschwörung der Pflichten gegen ihr früheres Vaterland verlangen. Und in Übereinstimmung hiermit wurde in der Kommission noch ausgeführt (KomBer. S. 58): Von der durch Absatz 3 gewährten Möglichkeit, allgemein zu bestimmen, daß der Erwerb der Staatsangehörigkeit bestimmter Staaten mit der Reichsangehörigkeit unvereinbar sei, werde in erster Linie hinsichtlich solcher Staaten Gebrauch zu machen sein, die von dem Aufzunehmenden verlangten, daß er seine Treuverpflichtung gegenüber seinem bisherigen Heimatstaate abschwöre. Ferner werde hierbei wie bei der Prüfung von einzelnen Anträgen auch auf die Wehrpflichtverhältnisse Rücksicht zu nehmen sein.

§ 26.

Ein militärpflichtiger Deutscher, der im Inland weder seinen Wohnsitz noch seinen dauernden Aufenthalt hat, verliert seine Staatsangehörigkeit mit der Vollendung des einunddreißigsten Lebensjahrs, sofern er bis zu diesem Zeitpunkt noch keine endgültige Entscheidung über seine Dienstverpflichtung herbeigeführt hat, auch eine Zurückstellung über diesen Zeitpunkt hinaus nicht erfolgt ist.

Ein fahnenflüchtiger Deutscher, der im Inland weder seinen Wohnsitz noch seinen dauernden Aufenthalt hat, verliert seine Staatsangehörigkeit mit dem Ablauf von zwei Jahren nach Bekanntmachung des Beschlusses, durch den er für fahnenflüchtig erklärt worden ist (§ 360 der Militärstrafgerichtsordnung). Diese Vorschrift findet keine Anwendung auf Mannschaften der Reserve, der Land- oder Seewehr und der Ersatzreserve, die für fahnenflüchtig erklärt worden sind, weil sie einer Einberufung zum Dienste keine Folge geleistet haben, es sei denn, daß die Einberufung nach Bekanntmachung der Kriegsbereitschaft oder nach Anordnung der Mobilmachung erfolgt ist.

Wer auf Grund der Vorschriften des Abs. 1 oder 2 seine Staatsangehörigkeit verloren hat, kann von einem Bundesstaate nur nach Anhörung der Militärbehörde eingebürgert werden. Weist er nach, daß ihm ein Verschulden nicht zur Last fällt, so darf ihm die Einbürgerung von dem Bundesstaate, dem er früher angehörte, nicht versagt werden.

Entwurf § 22.

1. Die Vorschrift regelt den Verlust der Staatsangehörigkeit wegen Nichterfüllung der Wehrpflicht. Die Bestimmung enthält eine grundlegende Neuerung

gegenüber dem bisherigen Rechtszustande. Sie beruht auf dem ethischen Gedanken, daß staatsbürgerliche Rechte nicht ohne Erfüllung entsprechender staatsbürgerlicher Pflichten in Anspruch genommen werden dürfen, und daß, wer diese Pflichten nicht erfüllt, damit stillschweigend den Willen kundgibt, die staatsbürgerliche Gemeinschaft nicht weiter fortzusetzen. Begr. S. 17.

„Ohne Wehrgemeinschaft keine Volksgemeinschaft!" In der Tat würde es, so führte ein Vertreter der verbündeten Regierungen in der Kommission zutreffend aus, der Gerechtigkeit widersprechen, wenn eine Person, die ihre militärischen Pflichten gegen das Reich nicht erfüllt habe, den Schutz des Reiches gegen eine fremde Macht in Anspruch nehmen könnte. Wenn hiergegen eingewendet werde, das Reich brauche ja solchen Angehörigen seinen Schutz nicht zu gewähren, so sei dies nicht zutreffend. Denn nach der Reichsverfassung habe jeder Deutsche ohne Rücksicht auf den Wert seiner Persönlichkeit Anspruch auf den Schutz des Reichs. („Dem Auslande gegenüber haben alle Deutschen gleichmäßig Anspruch auf den Schutz des Reichs", Art. 3 Abs. 6 RVerf.) Auch würde es mit dem Ansehen des Reichs im Auslande nicht vereinbar sein, wenn irgendein Deutscher schutzlos den Willkürmaßregeln einer fremden Macht preisgegeben würde. KomBer. S. 59. Siehe auch Einleitung S. 15, 16.

Im einzelnen sind die Vorschriften so gestaltet worden, daß der Verlust der Staatsangehörigkeit nur bei Verletzung der wichtigsten, aus der Wehrpflicht folgenden Verpflichtungen eintritt, daß der Wehrpflichtige unter Berücksichtigung der Auslandsverhältnisse genügend Zeit zur Erfüllung seiner Obliegenheiten behält und daß der Zeitpunkt des Verlustes unzweifelhaft feststeht und möglichst leicht zu ermitteln ist. Begr. S. 29.

2. Das Gesetz unterscheidet bezüglich des Verlustes der Staatsangehörigkeit wegen Verletzung der Wehrpflicht zwischen:

Verletzung der Militärpflicht (Abs. 1) und Fahnenflucht (Abs. 2).

Absatz 3 handelt von der Möglichkeit der Wiedererlangung der Staatsangehörigkeit (Wiedereinbürgerung).

3. Zu Abs. 1.

In der Begründung wird hierzu ausgeführt (S. 29):

a) Der Absatz 1 behandelt die Militärpflichtigen, also die der Aushebung unterworfenen Personen (§ 10 des Reichsmilitärgesetzes). Die Militärpflicht beginnt mit dem 1. Januar des Kalenderjahres, in dem der Wehrpflichtige das 20. Lebensjahr vollendet, und dauert so lange, bis über seine Dienstverpflichtung endgültig entschieden ist. Es wäre selbstverständlich eine unbillige Härte, wenn jede Verletzung der Gestellungspflichten den Verlust der Staatsangehörigkeit zur Folge haben sollte. Diese Wirkung muß vielmehr so lange ausgesetzt bleiben, als noch von dem Militärpflichtigen angenommen werden kann, daß er auf Regelung seiner Militärverhältnisse Wert legt. In dem Entwurf ist die Frist auf elf Jahre bemessen. Bis zur Vollendung des 31. Lebensjahres muß daher der Militärpflichtige, falls er nicht etwa seine Zurückstellung über diesen Zeitpunkt hinaus erwirkt hat, eine endgültige Entscheidung über seine Dienstverpflichtung erhalten haben. Ist dies nicht geschehen, so tritt der Verlust der Staatsangehörigkeit ein. Hat der Militärpflichtige eine endgültige Entscheidung erlangt, die auf Ausmusterung oder Ausschließung lautet, so hat er mit der Erfüllung der Militärpflicht alles getan, was seine staatsbürgerliche Pflicht erfordert,. und sich damit den dauernden Besitz der Staatsangehörigkeit gesichert. Lautet die endgültige Entscheidung auf Aushebung für das stehende Heer oder die stehende Marine, auf Überweisung zur Ersatzreserve oder zum Landsturm, so hat er die sich daraus ergebenden Pflichten zu erfüllen. Auch hier wiederum zieht nicht jeder Verstoß den Verlust der Staatsangehörigkeit nach sich; diese Folge tritt vielmehr nur ein, wenn die im Abs. 2 behandelten Fälle von Fahnenflucht vorliegen. Vgl. auch § 22 Anm. 3c (S. 86).

b) „Inland" ist das gesamte Gebiet des Deutschen Reichs. S. Art. 1 der Reichsverfassung. Als „Inland" gelten auch die Schutzgebiete. § 2 Abs. 2.

c) Wegen des Begriffes „Wohnsitz" s. § 24 Anm. 4.

d) Vollendet ist das 31. Lebensjahr mit Ablauf seines letzten Tages, also mit Beginn (um Mitternacht) des 32. Geburtstages. § 187 Abs. 2 BGB.

e) Wegen der endgültigen Entscheidung s. Anm. 3a und § 22 Anm. 3c (S. 86).

f) Das Gesetz enthält keine Vorschrift für den Fall, daß Militärpflichtige, die ihre Zurückstellung über das 31. Lebensjahr hinaus erlangt haben, später die Militärpflicht verletzen. Dies erschien nicht erforderlich, weil Militärpflichtigen im Ausland eine Zurückstellung über dieses Alter hinaus nur sehr selten und nur in solchen Fällen zugebilligt werden wird, wo eine Verletzung der Wehrpflicht nicht zu besorgen ist. Begr. S. 30.

4. a) Zu Abs. 2 heißt es in der Begründung (S. 30): Außer der Verletzung der Militärpflicht soll noch die Fahnenflucht den Verlust der Statsangehörigkeit zur Folge haben. Diese Vorschrift beschränkt sich jedoch für gewöhnlich auf die Fälle, wo sich der Fahnenflüchtige durch seine Entfernung oder sein Fernbleiben von der Truppe der aktiven Dienstpflicht entzieht; auf Mannschaften der Reserve, der Land- oder Seewehr und der Ersatzreserve soll sie sich nur erstrecken, wenn die Einberufung nach Bekanntmachung der Kriegsbereitschaft oder nach Anordnung der Mobilmachung erfolgt ist, wenn also die Fahnenflucht einen besonders schweren Charakter trägt. Damit die Wehrpflichtigen auch in den Fällen von Fahnenflucht in der Lage sind, sich durch Nachholung ihrer militärischen Verpflichtungen die Staatsangehörigkeit zu erhalten, und um gegebenenfalls den Zeitpunkt ihres Aus-

scheidens aus dem Reichsverbande zweifelsfrei festzustellen, wird vorgeschrieben, daß der Verlust der Staatsangehörigkeit zwei Jahre nach Bekanntmachung des Beschlusses eintritt, durch den sie gemäß § 360 der Militärstrafgerichtsordnung vom 1. Dez. 1898 für fahnenflüchtig erklärt worden sind.

b) Für den Begriff der „Fahnenflucht" sind maßgebend die Bestimmungen des Militärstrafgesetzbuches §§ 69ff., insbesondere:

„§ 69: Wer sich einer unerlaubten Entfernung (§§ 64, 65, 68) in der Absicht, sich seiner gesetzlichen oder von ihm übernommenen Verpflichtung zum Dienste dauernd zu entziehen, schuldig macht, ist wegen Fahnenflucht (Desertion) zu bestrafen."

c) Nach § 360 der Militärstrafgerichtsordnung kann, sofern die Voraussetzungen der Fahnenflucht vorliegen, (d. h. wenn „hinreichender Verdacht" einer solchen vorliegt, § 250 MStGO.), der Abwesende durch einen von dem Gerichtsherrn und dem Kriegsgerichtsrate zu unterzeichnenden Beschluß für fahnenflüchtig erklärt werden. Der Beschluß ist durch den Reichsanzeiger bekanntzumachen und kann auch noch durch andere Blätter veröffentlicht werden. Die zwei Jahre sind zu berechnen von der Bekanntmachung im Reichsanzeiger ab.

5. Zu Abs. 3.

a) Bezüglich der Wiedererlangung der Staatsangehörigkeit, der „Einbürgerung", unterscheidet das Gesetz, je nachdem den Wehrpflichtigen ein Verschulden traf oder nicht. Weist der die Wiederaufnahme Beantragende nach, daß ihm hinsichtlich des Grundes der Ausbürgerung — Verletzung der Wehrpflicht oder Fahnenflucht — überhaupt kein Verschulden zur Last fällt, so hat er einen Rechtsanspruch auf Wiederaufnahme, und zwar ohne Rücksicht darauf, ob die Voraussetzungen der §§ 7, 9 vorliegen. Verpflichtet zur Einbürgerung ist derjenige Bundesstaat, dem er früher angehörte. In den anderen Fällen aber, also wenn der Wehrpflichtige sich tatsächlich der Verletzung der Militärpflicht oder der Fahnenflucht schuldig gemacht hat, kann er wieder eingebürgert werden, jedoch nur nach Anhörung der Militärbehörde, die dadurch in den Stand gesetzt werden soll, die dagegen sprechenden militärischen Gründe geltend zu machen. Die Einbürgerung kann in diesem Falle beliebig bei einem der Bundesstaaten beantragt werden, eine Verpflichtung zur Einbürgerung besteht aber für keinen Bundesstaat. Nach der Ausführung in der Begründung (S. 30) wird die Wiederaufnahme eines schuldigen Wehrpflichtigen dann in Frage kommen, „wenn besondere Umstände das Verhalten des Wehrpflichtigen entschuldbar machen oder wenn seine spätere Lebensführung ihn einer ausnahmsweisen Berücksichtigung würdig erscheinen läßt."

b) Weist der Antragsteller nach, daß ihm ein Verschulden nicht zur Last fällt, und wird ihm von dem Bundesstaate, dem er früher angehörte, die Einbürgerung trotzdem versagt, so steht ihm gegen die Ablehnung seines Antrages nach § 40 der Rekurs zu. Näheres s. § 40.

6. Kehren ehemalige Deutsche, welche die Reichsangehörigkeit infolge der Nichterfüllung der Wehrpflicht nach Abs. 1 und 2 verloren haben, ohne Wiederaufnahme im Sinne des Abs. 3 in das Reichsgebiet zurück, so können sie zunächst wie Ausländer aus dem Reichsgebiet ausgewiesen werden, ohne daß ihnen dieserhalb der Verwaltungs- oder ordentliche Rechtsweg zusteht. Sie können aber auch unter Umständen nachträglich zur Erfüllung der Wehrpflicht herangezogen werden. Anwendung findet auf sie der durch das Gesetz vom 22. Juli 1913 (RGBl. S. 593) neugefaßte § 11 RMG., der bestimmt:

„Personen, die keinem Staate angehören, können, wenn sie sich im Reichsgebiete oder in einem Schutzgebiet dauernd aufhalten, zur Erfüllung der Wehrpflicht wie Deutsche herangezogen werden."

Diese sich auf alle im Inland befindlichen Staatlosen beziehende Vorschrift umfaßt, wie gesagt, auch die wegen Nichterfüllung der Wehrpflicht ausgebürgerten und nicht wiederaufgenommenen Deutschen und unterwirft sie, wenn sie sich im Reichsgebiet oder in einem Schutzgebiet dauernd aufhalten, denselben Bedingungen, denen Reichsangehörige unterliegen, die nach geltendem Rechte bis zum 45. Lebensjahre wehrpflichtig und, wenn bis dahin nicht endgültig über ihre Dienstpflicht entschieden ist, so lange auch militärpflichtig bleiben (vgl. auch Anm. 3a, § 22, Anm. 3b). Zu betonen bleibt aber, daß es sich in § 11 RMG. um eine den Behörden überlassene Möglichkeit der Heranziehung zur Wehrpflicht, nicht um eine Verpflichtung hierzu handelt. In der Begründung heißt es in dieser Beziehung (S. 34): Im militärischen Interesse liegt es durchaus nicht, nun jeden Staatlosen zum aktiven Dienst in das Heer einzustellen. Alle fragwürdigen Elemente müssen von vornherein davon ausgeschlossen bleiben. Aber in Fällen, in denen z. B. junge Leute im wehrpflichtigen Alter oder ihre Eltern trotz dauernden Aufenthalts im Reichsgebiete die Naturalisation nicht nachsuchen, lediglich, weil sie die Wehrpflicht fürchten, wird von dem neuen § 11 Gebrauch zu machen sein.

Dienen sie ein Jahr, so erlangen sie unter den in § 12 vorgesehenen Voraussetzungen einen Rechtsanspruch auf Einbürgerung. Näheres s. § 12.

7. Gemäß § 29 erstreckt sich der Verlust der Staatsangehörigkeit in den Fällen der Absätze 1 und 2 sowie ihr Wiedererwerb in den Fällen des Abs. 3 Satz 2 (also wenn der Ausgebürgerte nachweist, daß ihm ein Verschulden nicht zur Last fällt) zugleich auf die Ehefrau und diejenigen Kinder, deren gesetzliche Vertretung dem Ausgeschiedenen oder Wiedereingebürgerten kraft elterlicher Gewalt zusteht, soweit sich die Ehefrau oder die Kinder mit ihm in häuslicher Gemeinschaft befinden. Ausgenommen sind Töchter, die verheiratet sind oder gewesen sind. S. § 29.

§ 27.

Ein Deutscher, der sich im Ausland aufhält, kann seiner Staatsangehörigkeit durch Beschluß der Zentralbehörde seines Heimatstaats verlustig erklärt werden, wenn er im Falle eines Krieges oder einer Kriegsgefahr einer vom Kaiser angeordneten Aufforderung zur Rückkehr keine Folge leistet.

Gehört er mehreren Bundesstaaten an, so verliert er durch den Beschluß die Staatsangehörigkeit in allen Bundesstaaten.

Entwurf § 23.

1. In der Begründung des Entwurfs heißt es (S. 31): Die Bestimmung entspricht der Vorschrift im § 20 des Gesetzes vom 1. Juni 1870. Die Worte „für das ganze Bundesgebiet" sind gestrichen worden, weil die Aufforderung zur Rückkehr nicht sowohl für das Bundesgebiet angeordnet, als vielmehr an die im Ausland sich aufhaltenden Angehörigen aller Bundesstaaten gerichtet wird. Die Aufforderung kann allgemein ergehen, sie kann sich aber auch auf bestimmte Länder oder Personen und Personenklassen beschränken.

Da die nach Abs. 1 eintretende Entziehung der Staatsangehörigkeit wegen Verletzung der Interessen des Reichs erfolgt, ist es gerechtfertigt, daß sie für diejenigen, welche mehreren Bundesstaaten angehören, den Verlust der Staatsangehörigkeit in sämtlichen beteiligten Staaten zur Folge hat.

Die Vorschrift wurde von der Kommission ohne Beratung angenommen, KomBer. S. 60, 89, ebenso vom Plenum des Reichstages, StenBer. S. 5332 A, 5775 C.

2. „Ausland" ist jedes nicht zum Deutschen Reiche gehörige Gebiet.

Die Schutzgebiete gelten im Sinne dieses Gesetzes als Inland. § 2 Abs. 2.

3. Der in § 27 aufgeführte Verlustgrund ist kein unbedingt zwingender. Die Nichtbefolgung der Aufforderung zur Rückkehr hat weder von selbst das Ausscheiden aus der Staatsangehörigkeit zur Folge, noch zwingt sie die Zentralbehörde, ihren Verlust auszusprechen. Vielmehr gibt die Nichtbefolgung der Zentralbehörde nur das Recht, die Möglichkeit hierzu („kann" verlustig erklärt werden). Es steht im Ermessen der Zentralbehörde des Heimatstaates des betreffenden Deutschen, ob sie von der Ermächtigung, den Verlust auszusprechen, Gebrauch machen will.

Gegen den den Verlust der Staatsangehörigkeit aussprechenden Beschluß hat das Gesetz ein Rechtsmittel nicht gegeben. S. § 40.

4. Wegen „Krieg" und „Kriegsgefahr" s. § 22 Anm. 7b.

5. Die Aufforderung kann allgemein, aber auch persönlich oder örtlich beschränkt ergehen. S. Anm. 1 Abs. 1.

6. a) Wegen der Staatsangehörigkeit in mehreren Bundesstaaten s. § 1 Anm. 4.

b) Die 25 Bundesstaaten sind aufgeführt in Art. 1 RVerfassung. Als Bundesstaat gilt auch Elsaß-Lothringen. § 2 Abs. 1.

c) Der Verlust der Staatsangehörigkeit in den anderen Bundesstaaten tritt ohne weiteres ipso jure mit der Wirksamkeit des Beschlusses der Zentralbehörde des Heimatstaates ein.

7. Wirksam wird der Beschluß mit seiner Bekanntgabe an den betreffenden Deutschen, sei es durch Zustellung oder durch öffentliche Bekanntmachung.

8. Nach § 29 erstreckt sich der Verlust der Staatsangehörigkeit in den Fällen des § 27 zugleich auf die Ehefrau und diejenigen Kinder, deren gesetzliche Vertretung dem Ausgeschiedenen kraft elterlicher Gewalt zusteht, soweit sich die Ehefrau oder die Kinder

mit ihm in häuslicher Gemeinschaft befinden. Ausgenommen sind Töchter, die verheiratet sind oder gewesen sind. S. § 29.

§ 28.

Ein Deutscher, der ohne Erlaubnis seiner Regierung in ausländische Staatsdienste getreten ist, kann seiner Staatsangehörigkeit durch Beschluß der Zentralbehörde seines Heimatstaats verlustig erklärt werden, wenn er einer Aufforderung zum Austritt nicht Folge leistet.

Gehört er mehreren Bundesstaaten an, so verliert er durch den Beschluß die Staatsangehörigkeit in allen Bundesstaaten.

Entwurf § 24.

1. Die Bestimmung entspricht der Regierungsvorlage; sie wurde von der Kommission ohne Beratung unverändert angenommen, KomBer. S. 60, 89, ebenso vom Plenum des Reichstags, StenBer. S. 5332 A, 5775 C.

2. „Ausländische Staatsdienste."

a) Ausland ist jedes nicht zum Deutschen Reiche gehörige Gebiet. Die Schutzgebiete gelten im Sinne dieses Gesetzes als Inland. § 2 Abs. 2.

b) Bei dem Eintritt in fremde Staatsdienste kommt es nicht in Betracht, ob es sich um den Eintritt in den unmittelbaren oder mittelbaren, in den zivilen oder militärischen Dienst eines ausländischen Staates handelt. Begr. S. 31.

3. Die Aufforderung zum Austritt kann allgemein ergehen; sie kann sich aber auch auf bestimmte Länder oder Personen und Personenklassen beschränken. Begr. S. 31.

4. Auch in den Fällen des § 28 liegt, wie in denen des § 27 kein unbedingt zwingender Verlustgrund vor.

Der ohne Erlaubnis der Heimatsregierung erfolgende Eintritt in ausländische Staatsdienste hat weder von selbst das Ausscheiden aus der Staatsangehörigkeit zur Folge, noch zwingt er die Zentralbehörde, ihren Verlust auszusprechen, vielmehr gibt er dieser nur das Recht, die Möglichkeit dazu („kann" verlustig erklärt werden). Die Zentralbehörde entscheidet nach freiem Ermessen.

Gegen den den Verlust aussprechenden Beschluß hat das Gesetz ein Rechtsmittel nicht gegeben. S. § 40.

5. a) Wegen der Staatsangehörigkeit in mehreren Bundesstaaten s. § 1 Anm. 4.

b) Die 25 Bundesstaaten sind aufgeführt in Art. 1 der RVerfassung. Als Bundesstaat gilt auch Elsaß-Lothringen. § 2 Abs. 1.

c) Der Verlust der Staatsangehörigkeit in den anderen Bundesstaaten tritt ohne weiteres ipso jure mit der Wirksamkeit des Beschlusses der Zentralbehörde des Heimatstaates ein.

6. Wirksam wird der Beschluß mit seiner Bekanntgabe an den betreffenden Deutschen, sei es durch Zustellung oder durch öffentliche Bekanntmachung.

7. Nach § 29 erstreckt sich der Verlust der Staatsangehörigkeit in den Fällen des § 28 zugleich auf die Ehefrau und diejenigen Kinder, deren gesetzliche Vertretung dem Ausgeschiedenen kraft elterlicher Gewalt zusteht, soweit sich die Ehefrau oder die Kinder mit ihm in häuslicher Gemeinschaft befinden. Ausgenommen sind Töchter, die verheiratet sind oder gewesen sind. S. § 29.

§ 29.

Der Verlust der Staatsangehörigkeit in den Fällen des § 26 Abs. 1, 2 und der §§ 27, 28 sowie der Wiedererwerb der Staatsangehörigkeit in den Fällen des § 26 Abs. 3 Satz 2 erstreckt sich zugleich auf die Ehefrau und auf diejenigen Kinder, deren gesetzliche Vertretung dem

Ausgeschiedenen oder dem Wiedereingebürgerten kraft elterlicher Gewalt zusteht, soweit sich die Ehefrau oder die Kinder mit ihm in häuslicher Gemeinschaft befinden. Ausgenommen sind Töchter, die verheiratet sind oder verheiratet gewesen sind.

Entwurf § 25.

1. Die Vorschrift bringt den allgemeinen Grundsatz, daß die Familienmitglieder der Staatsangehörigkeit des Familienoberhauptes folgen (vgl. § 6 Anm. 2), zur Geltung, und zwar auch in den Fällen der §§ 27 und 28, wo er nach dem Gesetze vom 1. Juni 1870 (§§ 20, 22) nicht unzweifelhaft Platz griff. Der Wortlaut schließt sich an die Vorschrift des Artikels 41 Nr. IV des Einführungsgesetzes zum Bürgerlichen Gesetzbuch an, der jetzt in seiner Beziehung zum Staatsangehörigkeitsgesetz gegenstandslos wird. Begr. S. 31.

In der Kommission wurde bei der ersten Lesung beantragt, die Vorschrift zu streichen. Es sei ungerechtfertigt, Frauen und Kinder unter den Pflichtverletzungen ihrer Männer und Väter leiden zu lassen. Deren Schicksal müsse von dem ihrer pflichtvergessenen Männer und Väter unabhängig gemacht werden. Regierungsseitig wurde darauf hingewiesen, daß dem § 25 (im Gesetz § 29) der Gedanke zugrunde liege, die Staatsangehörigkeitsverhältnisse für die Mitglieder einer Familie möglichst einheitlich zu gestalten. Dieser Grundgedanke sei durch eine Reihe früherer Beschlüsse der Kommission bereits anerkannt worden.

Was insbesondere den Fall des Verlustes der Reichsangehörigkeit durch Nichterfüllung der Wehrpflicht anlange (§ 26), so sei es nur eine folgerichtige Durchführung des Grundgedankens, daß der Genuß staatsbürgerlicher Rechte die Erfüllung staatsbürgerlicher Pflichten voraussetze, wenn der Schutz des Reichs auch der Familie desjenigen versagt werde, der seine Wehrpflicht nicht erfüllt habe. Der Schutz der Familie würde in vielen Fällen demjenigen, der die Wehrpflicht verletzt habe, selbst zugute kommen. Der Streichungsantrag wurde abgelehnt. Bei der zweiten Lesung wurde die Vorschrift dann ohne Beratung angenommen, ebenso später vom Plenum des Reichstags, wo bei der zweiten Lesung der Streichungsantrag nochmals gestellt wurde. KomBer. S. 60, 89, 118, 119; StenBer. 5332 A, 5775 C.

(Der im Entwurf noch angeführte § 20 wurde von der Redaktionskommission gestrichen, nachdem vorher der § 20 selbst (Verlust der Staatsangehörigkeit in einem Bundesstaate durch Aufnahme in einen anderen Bundesstaat) von der Kommission abgelehnt war. Vgl. § 1 Anm. 4. KomBer. S. 119.

2. Der Verlust der Staatsangehörigkeit „erstreckt sich zugleich" heißt: die Staatsangehörigkeit geht für die Ehefrau und die benannten Kinder ohne weiteres von selbst in demselben Zeitpunkte wie für das Familienoberhaupt verloren. Vgl. hierzu §§ 26, Anm. 3a, 27 Anm. 7, 28 Anm. 6. Der Wiedererwerb der Staatsangehörigkeit tritt für die Ehefrau und die benannten Kinder ohne weiteres von selbst ein, gleichzeitig mit der Wirksamkeit der Wiedereinbürgerung des Familienoberhauptes, also nach § 16 mit der Aushändigung der von der höheren Verwaltungsbehörde hierüber ausgefertigten Urkunde an das Familienoberhaupt.

3. Wegen der „gesetzlichen Vertretung kraft elterlicher Gewalt" s. § 16 Anm. 5b.

§ 30.

Ein ehemaliger Deutscher, der vor dem Inkrafttreten dieses Gesetzes die Reichsangehörigkeit durch Entlassung verloren hat, aber bei Anwendung der Vorschrift des § 24 Abs. 1 als nicht entlassen gelten würde, muß auf seinen Antrag von dem Bundesstaat, in dessen Gebiet er sich niedergelassen hat, eingebürgert

werden, wenn er seit dem im § 24 Abs. 1 bezeichneten Zeitpunkt seinen Wohnsitz im Inland behalten hat und den Erfordernissen des § 8 Abs. 1 entspricht, auch den Antrag innerhalb eines Jahres nach dem Inkrafttreten dieses Gesetzes stellt. Die Vorschrift des § 8 Abs. 2 findet Anwendung.

1. Die Bestimmung war im Entwurf nicht enthalten. Sie ist in ihrer jetzigen Fassung vom Plenum des Reichstags in zweiter Lesung eingefügt worden. StenBer. S. 5332 A, B, 5775 C.

Bereits in der Kommission war eine ähnliche Bestimmung beschlossen worden, und zwar in erster Lesung als Abs. 3 zu § 26 des Entwurfs von der Redaktionskommission als selbständiger § 25a. Vgl. KomBer. S. 61, 63, 64, 89, 90, 91, 119, 120. Die Bestimmung bildete in der Kommission den Gegenstand lebhafter Erörterungen. Nach dem Beschlusse der Kommission in erster Lesung sollte sie folgendermaßen lauten:

„Wer die deutsche Staatsangehörigkeit bei Inkrafttreten des Gesetzes auf Grund einer Entlassung verloren hat, besitzt innerhalb eines Jahres nach Inkrafttreten des Gesetzes das Recht auf Wiedereinbürgerung, wenn er die deutsche Staatsangehörigkeit nicht verloren hätte, sofern die Bestimmung des § 19 Abs. 1 (im Gesetz § 24 Abs. 1) bereits in Geltung gewesen wäre und die Voraussetzungen des § 7 (im Gesetz § 8) vorliegen."

In zweiter Kommissionslesung wurde dann zuerst beantragt, die Bestimmung wieder zu streichen, und von anderer Seite, hinter den Worten „in Geltung gewesen wäre" einzufügen:

„seit dem im § 19 (im Gesetz § 24) angegebenen Zeitpunkt seinen Wohnsitz im Inland behalten hat".

Regierungsseitig wurde erklärt, daß die Streichung des neuen § 25a auch vom Standpunkt der verbündeten Regierungen nur empfohlen werden könne. Nach diesem

Paragraphen würde bei ehemaligen Deutschen, die auf ihren eigenen Antrag entlassen seien, die sich also ausdrücklich von ihrem Heimatstaat losgesagt hätten, für einen Anspruch auf Einbürgerung lediglich der zufällige Umstand genügen, daß sie genau ein Jahr nach ihrer Entlassung im Reichsgebiet gewohnt haben. In keiner Weise solle danach gefragt werden, wie sich der Entlassene während der Zwischenzeit gegen das Reich verhalten, z. B. ob er eine fremde Staatsangehörigkeit erworben oder sich, sei es durch Umgehung der Wehrpflicht, sei es auf andere Weise, gegen die Interessen seiner Heimat vergangen habe; ja, er brauche nicht einmal eine von ihm etwa erworbene fremde Staatsangehörigkeit aufzugeben. Ebensowenig komme es darauf an, ob er sich im Inland oder im Ausland niedergelassen habe. Gegenüber der Bemerkung, daß es sich hier um eine Übergangsbestimmung handle, sei darauf hinzuweisen, daß sich die Wirksamkeit der neuen Vorschrift auf mehr als vierzig Jahre zurückerstrecke, so daß die Zahl der dabei in Frage kommenden Personen keineswegs gering sein dürfte. Übrigens scheine dem neuen Paragraphen der Gedanke zugrunde zu liegen, daß ehemalige Deutsche, auf welche die Voraussetzungen dieses Paragraphen zutreffen, nur bei Einstellung einer entsprechenden Vorschrift Aussicht auf Wiedereinbürgerung hätten. Dieser Gedanke sei selbstverständlich nicht zutreffend; vielmehr werde davon auszugehen sein, daß ehemalige Deutsche, in deren Person im Einzelfall keine besonderen Bedenken vorlägen, auf Wiedereinbürgerung rechnen könnten. Das neue Gesetz gehe in dieser Hinsicht noch über die Vorschriften des geltenden Gesetzes hinaus, indem es auch die Wiedereinbürgerung der im Ausland lebenden Deutschen unbeschränkt zulasse. Die Einfügung des neuen Paragraphen sei daher für den Fall, daß gegen den ehemaligen Deutschen keine Bedenken vorlägen, überflüssig; soweit aber solche Bedenken vorlägen, widersprächen sie sowohl der Billigkeit wie dem Staatsinteresse.

Unter Ablehnung des Streichungsantrages beschloß die Kommission aber, den § 25a beizubehalten, und zwar mit dem beantragten Zusatze: „seit dem im § 19 angegebenen Zeitpunkt seinen Wohnsitz im Inland behalten hat". KomBer. S. 91. Vom Plenum des Reichstags wurde dann, wie oben bereits angegeben, in zweiter Lesung auf Antrag die jetzige Fassung angenommen, nachdem der Antragsteller noch ausgeführt hatte, sein Antrag sei lediglich formaler Art; er glaube, daß dieser gegenüber der Kommissionsfassung eine bessere Ausdrucksweise und eine klarere Fassung enthalte. StenBer. S. 5332 B.

2. Voraussetzungen für die Einbürgerung auf Grund des § 30:

a) Zunächst bezieht sich die Vorschrift nur auf „ehemalige Deutsche", die vor dem Inkrafttreten dieses Gesetzes (also vor dem 1. Januar 1914, § 41) ihre Reichsangehörigkeit „durch Entlassung" verloren haben, nicht auch auf solche ehemalige Deutsche, die auf andere Weise (durch Ausspruch der Behörde, durch zehnjährigen Aufenthalt im Ausland, bei unehelichen Kindern, deren Vater einem anderen Staate angehört als die Mutter, durch eine den gesetzlichen Bestimmungen gemäß erfolgte Legitimation, bei einer Deutschen durch Verheiratung mit einem Ausländer, § 13 Nr. 2 bis 5 des Ges. vom 1. Juni 1870) der Staats- und Reichsangehörigkeit verlustig gegangen sind. Ob ein Verlust der Reichsangehörigkeit „durch Entlassung" vorliegt, ist nach den §§ 14 bis 19 des Ges. vom 1. Juni 1870, bei Reichsangehörigen ohne Staatsangehörigkeit unter Mitanwendung des § 9 des Schutzgebietsgesetzes vom 10. Sept. 1900 (RGBl. S. 813) zu beurteilen.

b) Zweite Voraussetzung für die Anwendbarkeit des § 30 ist, daß der „entlassene" ehemalige Deutsche nach § 24 Abs. 1 des neuen Gesetzes als „nicht entlassen" gelten würde.

Nach § 24 Abs. 1 gilt die Entlassung als nicht erfolgt, wenn der Entlassene, ohne sich die Staatsangehörigkeit in einem anderen Bundesstaate gemäß § 20 ausdrücklich vorbehalten zu haben, beim Ablauf eines Jahres nach der Aushändigung der Entlassungsurkunde seinen Wohnsitz oder seinen dauernden Aufenthalt im Inland hat. Vgl. hierzu § 24.

c) Weiterhin erfolgt die Einbürgerung nur auf Antrag, der innerhalb eines Jahres nach dem Inkrafttreten des Gesetzes (1. Januar 1914, § 41) gestellt sein muß — vgl. hierzu § 7 Anm. 2c — und

d) nur in denjenigen Bundesstaat, in dessen Gebiet der Antragsteller sich niedergelassen hat.

Die vorherige Niederlassung ist also wiederum Voraussetzung für die Einbürgerung. Wegen des Begriffes „Niederlassung" s. § 7 Anm. 2b.

Die 25 Bundesstaaten sind aufgeführt in Art. 1 der RVerfassung. Als Bundesstaat gilt auch Elsaß-Lothringen. § 2 Abs. 1.

e) Fernere Voraussetzung für die Einbürgerung ist, daß der Antragsteller seit dem im § 24 Abs. 1 bezeichneten Zeitpunkt, d. i. „beim Ablauf eines Jahres nach der Aushändigung der Entlassungsurkunde" seinen Wohnsitz im Inland behalten hat. Wegen des Begriffes „Wohnsitz" s. § 24 Anm. 4. Wegen des Begriffes „Inland" s. § 8 Anm. 4. Als „Inland" gelten gemäß § 2 Abs. 2 auch die Schutzgebiete.

f) Schließlich ist Voraussetzung, daß der Antragsteller sämtlichen Erfordernissen des § 8 Abs. 1 unter Nr. 1 bis 4 entspricht. Vgl. hierzu § 8 Anm. 7, 8, 9 und 10. Darüber, ob die Erfordernisse des § 8 Abs. 1 unter Nr. 2 bis 4 (nur diese) vorliegen, ist gemäß § 8 Abs. 2 vor der Einbürgerung die Gemeinde des Niederlassungsorts und, sofern diese keinen selbständigen Armenverband bildet, auch der Armenverband zu hören. Vgl. hierzu § 8 Anm. 11.

Fehlt auch nur eine dieser Voraussetzungen, so ist die Einbürgerung auf Grund des § 30 ausgeschlossen.

3. a) Liegen die in Anm. 2a bis f angeführten Voraussetzungen für die Einbürgerung sämtlich vor, so besteht gegenüber demjenigen Bundesstaat, in dessen Gebiet sich der Antragsteller niedergelassen hat (nur gegenüber diesem) ein Rechtsanspruch auf Einbürgerung mit der Folge, daß der betreffende Bundesstaat die Einbürgerung nicht versagen darf („muß" eingebürgert werden).

b) Wird der Antrag trotzdem abgelehnt, so ist gegen die Ablehnung nach § 40 der Rekurs zulässig. Näheres s. § 40.

4. Wirksam wird die Einbürgerung mit der Aushändigung der von der höheren Verwaltungsbehörde hierüber ausgefertigten Urkunde. S. § 16 Abs. 1.

5. Gemäß § 16 Abs. 2 erstreckt sich die Einbürgerung, insofern nicht in der Urkunde ein ausdrücklicher Vorbehalt gemacht wird, zugleich auf die Ehefrau und auf diejenigen Kinder, deren gesetzliche Vertretung dem Eingebürgerten kraft elterlicher Gewalt zusteht. Ausgenommen sind Töchter, die verheiratet sind oder gewesen sind. Näheres s. § 16 Anm. 5.

6. Nach § 38 ist in den Fällen des § 30 die Einbürgerungsurkunde kostenfrei zu erteilen.

§ 31.

Ein ehemaliger Deutscher, der vor dem Inkrafttreten dieses Gesetzes die Reichsangehörigkeit nach § 21 des Gesetzes über die Erwerbung und den Verlust der Bundes- und Staatsangehörigkeit vom 1. Juni 1870 (Bundes-Gesetzbl. S. 355) durch zehnjährigen Aufenthalt im Ausland verloren hat, muß von dem Bundesstaat, in dessen Gebiet er sich niedergelassen hat, eingebürgert werden, wenn er keinem Staate angehört.

Das gleiche gilt von dem ehemaligen Angehörigen eines Bundesstaats oder eines in einen solchen einverleibten Staates, der bereits vor dem Inkrafttreten des Gesetzes vom 1. Juni 1870 nach Landesrecht seine Staatsangehörigkeit durch Aufenthalt außerhalb seines Heimatstaats verloren hat.

Entwurf § 26.

1. a) In der Begründung des Entwurfes heißt es zu dieser Vorschrift:

Um denjenigen Deutschen, welche beim Inkrafttreten des Entwurfs ihre Staatsangehörigkeit auf Grund des § 21 Abs. 5 des Gesetzes vom 1. Juni 1870 verloren haben, nicht die ihnen bisher zustehende Möglichkeit des erleichterten Wiedererwerbs abzuschneiden, ist die Vorschrift des § 21 Abs. 5 hierher übernommen worden. (§ 21 Abs. 5 bestimmte: „Deutsche, welche ihre Staatsangehörigkeit durch zehnjährigen Aufenthalt im Auslande verloren haben und demnächst in das Reichsgebiet zurückkehren, erwerben die Staatsangehörigkeit in demjenigen Bundesstaate, in welchem sie sich niedergelassen haben, durch eine von der höheren Verwaltungsbehörde ausgefertigte Aufnahmeurkunde, welche auf Nachsuchen ihnen erteilt werden muß.") Die veränderte Fassung soll lediglich zur Beseitigung eines früher aufgetretenen Zweifels ausdrücken, daß auch in diesem Falle der Besitz einer fremden Staatsangehörigkeit den erleichterten Wiedererwerb der einheimischen ausschließt.

Auf ehemalige Deutsche, die, ohne sich im Inland niederzulassen, ihre frühere Staatsangehörigkeit wiedererwerben wollen, findet der § 9 des Entwurfs (im Gesetz § 13) Anwendung.

Im Abs. 2 des Entwurfs ist eine neue Vorschrift hinzugefügt worden, um denjenigen ehemaligen Angehörigen eines deutschen Bundesstaates, welche ihre Staatsangehörigkeit bereits vor dem Bestehen des Gesetzes vom 1. Juni 1870 nach

Landesrecht durch Aufenthalt außerhalb ihres Heimatstaates verloren hatten, den Wiedererwerb zu erleichtern. Begr. S. 31.

b) Im Entwurfe hatte die Bestimmung eine andere Fassung; die des Gesetzes beruht auf den Beschlüssen der Kommission. Die wesentlichste Abweichung der gesetzlichen Bestimmung von der Vorschrift des Entwurfes besteht in der Hinzufügung der Worte in Abs. 2 „oder eines in einen solchen einverleibten Staates", die im Entwurfe nicht enthalten waren. Die sonstigen von der Kommission vorgenommenen Änderungen sind im wesentlichen nur redaktioneller Natur. Vom Plenum des Reichstages wurde § 26 unverändert nach den Beschlüssen der Kommission angenommen. KomBer. S. 61, 62, 64, 91, 94, 120, 121; StenBer. S. 5333 D, 5775 C.

2. Voraussetzungen für die Einbürgerung auf Grund des § 31:

a) Zunächst findet die Vorschrift nur Anwendung nach Abs. 1 auf „ehemalige Deutsche", die vor dem Inkrafttreten dieses Gesetzes (also vor dem 1. Jan. 1914, § 41) ihre Reichsangehörigkeit nach § 21 des Gesetzes vom 1. Juni 1870 durch zehnjährigen Aufenthalt im Ausland verloren haben und ferner nach Abs. 2 auf „ehemalige Angehörige eines Bundesstaates oder eines in einen solchen einverleibten Staates, die bereits vor dem Inkrafttreten des Gesetzes vom 1. Juni 1870 (d. i. 1. Jan. 1871, § 27 jenes Gesetzes) nach Landesrecht ihre Staatsangehörigkeit durch Aufenthalt außerhalb ihres Heimatstaates verloren haben.

b) Weitere Voraussetzung ist, daß sich der die Einbürgerung nachsuchende ehemalige Deutsche in dem Gebiete desjenigen Bundesstaates, in den er eingebürgert werden will, niedergelassen hat.

c) Der die Einbürgerung Nachsuchende darf keinem Staate angehören.

d) Die Einbürgerung muß von dem ehemaligen Deutschen beantragt werden.

Fehlt auch nur eine dieser Voraussetzungen, so ist die Einbürgerung auf Grund des § 31 ausgeschlossen.

3. Im einzelnen ist hierzu noch folgendes zu bemerken:

a) Zu 2a. Über den Verlust der Staatsangehörigkeit durch zehnjährigen Aufenthalt im Ausland bestimmt § 21 des Gesetzes über die Erwerbung und den Verlust der Reichs- und Staatsangehörigkeit vom 1. Juni 1870:

„Deutsche, welche das Reichsgebiet verlassen und sich zehn Jahre ununterbrochen im Auslande aufhalten, verlieren dadurch ihre Staatsangehörigkeit. Die vorbezeichnete Frist wird von dem Zeitpunkte des Austritts aus dem Reichsgebiete oder, wenn der Austretende sich im Besitz eines Reisepapiers oder Heimatscheines befindet, von dem Zeitpunkte des Ablaufs dieser Papiere an gerechnet. Sie wird unterbrochen durch die Eintragung in die Matrikel eines Reichskonsulats. Ihr Lauf beginnt von neuem mit dem auf die Löschung in der Matrikel folgenden Tage.

Der hiernach eingetretene Verlust der Staatsangehörigkeit erstreckt sich zugleich auf die Ehefrau und auf diejenigen Kinder, deren gesetzliche Vertretung dem Ausgetretenen kraft elterlicher Gewalt zusteht, soweit sich die Ehefrau oder die Kinder bei dem Ausgetretenen befinden. Ausgenommen sind die Töchter, die verheiratet sind oder verheiratet gewesen sind.

Für Deutsche, welche sich in einem Staate des Auslandes mindestens fünf Jahre lang ununterbrochen aufhalten und in demselben zugleich die Staatsangehörigkeit erwerben, kann durch Staatsvertrag die zehnjährige Frist bis auf eine fünfjährige vermindert werden, ohne Unterschied, ob die Beteiligten sich im Besitze eines Reisepapieres oder Heimatscheines befinden oder nicht.

Deutschen, welche ihre Staatsangehörigkeit durch zehnjährigen Aufenthalt im Auslande verloren und keine andere Staatsangehörigkeit erworben haben, kann die Staatsangehörigkeit in dem früheren Heimatstaate wieder verliehen werden, auch ohne daß sie sich dort niederlassen.

Deutsche, welche ihre Staatsangehörigkeit durch zehnjährigen Aufenthalt im Auslande verloren haben und demnächst in das Reichsgebiet zurückkehren, erwerben die Staatsangehörigkeit in demjenigen Bundesstaate, in welchem sie sich niedergelassen haben, durch eine von der höheren Verwaltungsbehörde ausgefertigte Aufnahmeurkunde, welche auf Nachsuchen ihnen erteilt werden muß."

Als „Ausland" ist alles anzusehen, was nicht zum Reichsgebiet gehört. Die Schutzgebiete gelten im Sinne dieses Gesetzes als Inland. § 2 Abs. 2.

b) Zu 2b. Die Verpflichtung zur Einbürgerung beschränkt sich auf denjenigen Bundesstaat, in dessen Gebiet sich der ehemalige Deutsche „niedergelassen" hat.

Wegen der Bundesstaaten s. § 1 Anm. 3.

Wegen des Begriffes „Niederlassung" s. § 7 Anm. 2c.

Hat er sich nicht im Inlande niedergelassen, so findet § 13 Anwendung, d. h. er kann unter bestimmten Voraussetzungen von dem Bundesstaate, dem er früher angehört hat, auf seinen Antrag eingebürgert werden. Näheres s. § 13. Vgl. auch die Begründung in Anm. 1a.

c) Zu 2c. Nur, wenn der ehemalige Deutsche keinem fremden Staate angehört, kommt eine Einbürgerung auf Grund des § 31 in Frage. In der Kommission wurde zunächst beantragt, die Worte „wenn er keinem Staate angehört" zu streichen und sodann, nachdem dieser Antrag zurückgezogen war, hinter dem Worte „angehört" einzufügen: „oder die fremde Staatsangehörigkeit durch die Aufnahme verliert". Dieser Zusatz wurde von der Kommission in erster Lesung angenommen, in zweiter Lesung aber wieder gestrichen, nachdem insbesondere seitens eines Vertreters der verbündeten Regierungen eingehend auf die bedenklichen Folgen jenes Zusatzes hingewiesen war. Auch vom Plenum des Reichstages wurde ein Antrag auf Wiedereinfügung jener Worte abgelehnt. Vgl. KomBer. S. 61, 62, 64, 91, 93, 120, 121; StenBer. S. 5332 B, C, D, 5333 A, B, C, D.

Durch die Worte „wenn er keinem Staate angehört" werden zunächst diejenigen ehemaligen Deutschen getroffen, die staatlos geblieben sind. Weiterhin sind jene Worte auch dahin zu verstehen: „wenn er keinem fremden Staate mehr angehört. Vorher darf er einem fremden Staate angehört haben, nur zur Zeit der Stellung des Einbürgerungsantrages darf er keinem fremden Staate angehören. Hiernach bezieht sich das Gesetz des weiteren auf diejenigen ehemaligen Deutschen, die zwar eine fremde Staatsangehörigkeit erworben, sie aber zur Zeit der Stellung des Einbürgerungsantrages wieder aufgegeben haben.

d) Zu 2d. Auch in den Fällen des § 31 ist die Einbürgerung von dem Antrage des ehemaligen Deutschen abhängig. Das ist zwar nicht, wie in § 30, ausdrücklich hervorgehoben, ergibt sich aber, abgesehen davon, daß es als selbstverständlich gelten muß, unzweideutig aus § 40, wo gesagt ist, daß gegen die Ablehnung des Antrages auf Einbürgerung in den Fällen des § 31 der Rekurs zulässig ist. Näheres wegen des Antrages s. § 7 Anm. 2b.

4. Zu Abs. 2:

a) „Das gleiche gilt" soll heißen: Auch ein ehemaliger Angehöriger eines Bundesstaates oder eines in einen solchen einverleibten Staates, der bereits vor dem Inkrafttreten des Gesetzes vom 1. Juni 1870 nach Landesrecht seine Staatsangehörigkeit durch Aufenthalt außerhalb seines Heimatstaates verloren hat, muß von demjenigen Bundesstaat, in dessen Gebiet er sich niedergelassen hat, eingebürgert werden, wenn er keinem Staate angehört.

b) Die Worte „eines in einen solchen einverleibten Staates" befanden sich nicht im Entwurf, sie wurden von der Kommission eingefügt. KomBer. S. 61, 63, 64, 120, 121. Vgl. auch Anm. 1b.

Ob der Staat ganz oder teilweise einverleibt wurde, ist gleichgültig. Die Aufnahme der Worte „ganz oder teilweise“ oder „Staatsteils“ wurde in der Kommission auch von einem Vertreter der verbündeten Regierungen als überflüssig bezeichnet. Die Staatsangehörigkeit in einem Gebietsteil sei nicht möglich. Bewohner eines Gebietsteiles aber, der von einem Bundesstaat an einen anderen abgetreten worden sei, fielen unter die Vorschrift des Entwurfs in ihrer Eigenschaft als ehemalige Angehörige des abtretenden Bundesstaates. KomBer. S. 63.

c) „Vor dem Inkrafttreten des Gesetzes vom 1. Juni 1870.“ Nach § 27 jenes Gesetzes ist es am 1. Januar 1871 in Kraft getreten.

d) Zu Abs. 2 wurde aus der Kommission eine Anfrage wegen der Staatsangehörigkeit solcher Personen gestellt, die zur Zeit der Einverleibung ihres Staates in einem anderen ihren Wohnsitz außerhalb des eigenen Staates hatten. Regierungsseitig wurde darauf mit dem Hinweis auf den jeweiligen Inhalt der die Einverleibung regelnden Staatsakte geantwortet. In der Regel könne man annehmen, daß diese Personen die Angehörigkeit zu dem einverleibenden Staat erworben haben, ohne Rücksicht auf den Wohnsitz; diese Angehörigkeit könnten sie dann nur nach den Gesetzen ihres neuen Staates wieder verlieren. Sollte sich, was sich im Augenblick nicht übersehen ließe, nach einzelnen Staatsakten die Einverleibung auf auswärts Domizilierte nicht erstrecken, so sei für diese allerdings der Aufenthalt außerhalb ihres Heimatstaats die Ursache der Staatlosigkeit und es müsse nach der ratio legis angenommen werden, daß der § 26 Abs. 2 des Entwurfs (im Gesetz § 31 Abs. 2) auf sie Anwendung finde. KomBer. S. 93, 94.

5. a) Sowohl in den Fällen des Abs. 1 als auch in denen des Abs. 2 besteht, wenn die Voraussetzungen des § 31 für die Einbürgerung sämtlich vor-

liegen, gegenüber demjenigen Bundesstaat, in dessen Gebiet sich der Antragsteller niedergelassen hat (nur gegenüber diesem), ein Rechtsanspruch auf Einbürgerung mit der Folge, daß der betreffende Bundesstaat die Einbürgerung nicht versagen darf („muß" eingebürgert werden).

b) Wird der Antrag trotzdem abgelehnt, so ist gegen die Ablehnung nach § 40 der Rekurs zulässig. Näheres s. § 40.

6. Wirksam wird die Einbürgerung mit der Aushändigung der von der höheren Verwaltungsbehörde hierüber ausgefertigten Urkunde. S. § 16 Abs. 1.

7. Gemäß § 16 Abs. 2 erstreckt sich die Einbürgerung, insofern nicht in der Urkunde ein ausdrücklicher Vorbehalt gemacht wird, zugleich auf die Ehefrau und auf diejenigen Kinder, deren gesetzliche Vertretung dem Eingebürgerten kraft elterlicher Gewalt zusteht. Ausgenommen sind Töchter, die verheiratet sind oder gewesen sind. Näheres s. § 16 Anm. 5.

8. Nach § 38 ist in den Fällen des § 31 die Einbürgerungsurkunde kostenfrei zu erteilen.

§ 32.

Ein militärpflichtiger Deutscher, der zur Zeit des Inkrafttretens dieses Gesetzes im Inland weder seinen Wohnsitz noch seinen dauernden Aufenthalt hat und vor diesem Zeitpunkt das neunundzwanzigste, aber noch nicht das dreiundvierzigste Lebensjahr vollendet hat, verliert seine Staatsangehörigkeit mit dem Ablauf zweier Jahre, sofern er innerhalb dieser Frist keine endgültige Entscheidung über seine Dienstverpflichtung herbeigeführt hat.

Ein fahnenflüchtiger Deutscher der im § 26 Abs. 2 bezeichneten Art, der zur Zeit des Inkrafttretens dieses Gesetzes im Inland weder seinen Wohnsitz noch seinen

dauernden Aufenthalt hat und vor diesem Zeitpunkt das dreiundvierzigste Lebensjahr noch nicht vollendet hat, verliert seine Staatsangehörigkeit mit dem Ablauf zweier Jahre, sofern er sich nicht innerhalb dieser Frist vor den Militärbehörden gestellt.

Die Vorschriften des § 26 Abs. 3 und des § 29 finden entsprechende Anwendung.

Entwurf § 28.

1. Der § 32 bildet eine Ergänzung der Vorschriften in § 26 über den Verlust der Staatsangehörigkeit wegen Nichterfüllung der Wehrpflicht.

a) In der Begründung des Entwurfs heißt es zu dieser Vorschrift (S. 32): „Der § 28 (im Gesetz § 32) enthält die durch die Aufnahme des § 22 (im Gesetz § 26) erforderlich werdenden Übergangsbestimmungen.

Im allgemeinen ist anzunehmen, daß Deutsche im Ausland, die ihre militärischen Verpflichtungen nicht erfüllt haben, infolge der Nichteintragung in die Matrikel (s. § 31 Anm. 3 a) ihre Staatsangehörigkeit mit Ablauf des 31. Lebensjahres bereits verloren haben. Da es aber vorkommen kann, daß militärpflichtige Deutsche auch nach Erreichung dieses Alters noch im Besitze der Reichsangehörigkeit sind, so wird ihnen zur Erfüllung ihrer Militärpflicht eine Frist von zwei Jahren, gerechnet vom Inkrafttreten des Gesetzes, gewährt. Dieselbe Frist wird durch Abs. 2 den Fahnenflüchtigen zur Gestellung bei den Militärbehörden bewilligt. Verläuft die Frist unbenutzt, so tritt der Verlust der Staatsangehörigkeit ein. Personen, die zur Zeit des Inkrafttretens des Gesetzes das 43. Lebensjahr bereits vollendet haben, also nach Ablauf der zweijährigen Frist nicht mehr wehrpflichtig sein würden, sollen den Ausbürgerungsvorschriften dieses Paragraphen nicht unterliegen.

b) Von der Kommission wurde anstatt des im Entwurf vorgesehenen einunddreißigsten Lebensjahres das neunundzwanzigste festgesetzt, im übrigen aber wurde die Vorschrift des Entwurfs von der Kommission und dem Plenum des Reichstages — nach Ablehnung eines Antrages, den ganzen Paragraphen zu streichen — unverändert angenommen. KomBer. S. 65, 94, 120, 121; StenBer. 5333 D, 5334 A, 5775 C.

2. Absatz 1 bezieht sich, wie § 26 Abs. 1, auf „militärpflichtige" Deutsche im Auslande, die es unterlassen, innerhalb der gesetzlich gestellten Frist eine „endgültige Entscheidung über ihre Dienstverpflichtung herbeizuführen", Absatz 2 auf „fahnenflüchtige" Deutsche im Ausland, die es unterlassen, innerhalb der gesetzlichen Frist sich vor den Militärbehörden zu stellen.

3. Zu Abs. 1.

a) Wegen der „Militärpflicht" s. § 22 Anm. 2b S. 84ff., § 26 Anm. 3a.

b) „Zur Zeit des Inkrafttretens dieses Gesetzes", d. i. der 1. Januar 1914. § 41.

c) „Inland" ist das gesamte Gebiet des Deutschen Reiches. Als Inland gelten gemäß § 2 Abs. 2 auch die Schutzgebiete.

d) Wegen des Begriffes „Wohnsitz" s. § 24 Anm. 4; wegen des „dauernden Aufenthaltes" s. § 9 Anm. 7f.

e) Vollendet ist das 29. und 43. Lebensjahr mit Ablauf seines letzten Tages, also mit Beginn (um Mitternacht) des 30. und 44. Geburtstages. § 187 Abs. 2 BGB.

f) Wegen der Herbeiführung einer endgültigen Entscheidung über die Dienstverpflichtung s. § 22 Anm. 2c, S. 86ff.

4. Zu Abs. 2.

a) Wegen der „Fahnenflucht" s. § 26 Anm. 4b, c. Unter den fahnenflüchtigen Deutschen „der im § 26 Abs. 2 bezeichneten Art" sind solche zu verstehen, die nach § 360 Militärstrafgerichtsordnung für fahnenflüchtig erklärt worden sind (vgl. § 26 Anm. 4c). Auf Mannschaften der Reserve, der Land- oder Seewehr und der Ersatzreserve, die wegen Nichtbefolgung einer Einberufung zum Dienste für fahnenflüchtig erklärt worden sind, findet die Vorschrift des § 32 Abs. 2 aber nur dann Anwendung, wenn die Einberufung nach Bekanntmachung der Kriegsbereitschaft oder nach Anordnung der Mobilmachung erfolgt ist. § 26 Abs. 2.

b) Im übrigen s. zu Abs. 2 „Inkrafttreten dieses Gesetzes" Anm. 3b; „Inland" Anm. 3c; „Wohnsitz" § 24 Anm. 4; „dauernder Aufenthalt" § 9 Anm. 7f.; „Vollendung" des 43. Lebensjahres Anm. 3e.

c) Die „Stellung vor den Militärbehörden" kann vor jeder Militärbehörde, d. h. bei jedem Truppenteil und jeder Kommandobehörde erfolgen, nicht bloß bei dem Truppenteil, von dem der Fahnenflüchtige sich entfernt hat oder bei dem er zum Dienste einberufen ist.

5. a) Nach Abs. 3 sollen die Vorschriften des § 26 Abs. 3 — Wiedererlangung der wegen Nichterfüllung der Wehrpflicht verlorenen Staatsangehörigkeit — und des § 29 — Verlust und Wiedererwerb der gemäß § 26 Abs. 1 und 2, §§ 27, 28 verlorengegangenen Staatsangehörigkeit für Ehefrau und Kinder — „entsprechende", d. h. sinngemäße Anwendung finden. Näheres hierzu s. § 26 Anm. 5a und b, § 29.

b) Soweit in den Fällen des § 26 Abs. 3 ein Rechtsanspruch auf Einbürgerung besteht, d. h. wenn der Ausgebürgerte nachweist, daß ihm ein Verschulden nicht zur Last fällt, steht ihm, sofern ihm von dem Bundesstaat, dem er früher angehörte, die Einbürgerung trotzdem versagt wird, gegen die Ablehnung des Antrages nach § 40 der Rekurs zu. In den Fällen des § 26 Abs. 3 erster Satz, wo ein Rechtsanspruch auf Einbürgerung nicht besteht, diese vielmehr nur für zulässig erklärt worden ist („kann" eingebürgert werden), findet der Rekurs nicht statt. S. § 40.

Dritter Abschnitt.
Unmittelbare Reichsangehörigkeit.
§ 33.

Die unmittelbare Reichsangehörigkeit kann verliehen werden

1. **einem Ausländer, der sich in einem Schutzgebiete niedergelassen hat, oder einem Eingeborenen in einem Schutzgebiete;**
2. **einem ehemaligen Deutschen, der sich nicht im Inland niedergelassen hat; dem ehemaligen Deutschen steht gleich, wer von ihm abstammt oder an Kindes Statt angenommen ist.**

Entwurf § 30.

1. Der dritte Abschnitt (§§ 33 bis 35) handelt über den Erwerb und den Verlust der unmittelbaren Reichsangehörigkeit, die im — Gegensatz zu der mittelbaren (§ 1) — verliehen wird ohne Verbindung mit der Staatsangehörigkeit in einem Bundesstaate.

Nach dem Gesetz vom 1. Juni 1870 bestand nur eine Reichsangehörigkeit, welche die Staatsangehörigkeit in einem Bundesstaate zur Voraussetzung hatte. Durch die Gesetzgebung für die Schutzgebiete ist hierin insofern eine Neuerung eingetreten, als danach eine von der Staatsangehörigkeit der Bundesstaaten unabhängige Reichsangehörigkeit geschaffen wurde (§ 9 des Schutzgebietsgesetzes). Nach der Regierungsvorlage (Entwurf § 30) sollten für die Verleihung der unmittelbaren Reichsangehörigkeit nur Ausländer und Eingeborene in den Schutzgebieten in Betracht kommen (§ 33 Nr. 1 des Gesetzes). Die in Nr. 2 sowie die in § 34 benannten Personen wurden von der Kommission hinzugefügt. Die diesbezüglichen Anträge wurden gestellt bei Beratung der §§ 9 und 11 des Entwurfs. In der Kommission wurde dazu ausgeführt, es sei ein langgehegter Wunsch eines großen Teiles unseres Volkes, die unmittelbare Reichsangehörigkeit auszubauen. Gerade diejenigen ehemaligen Deutschen, die im Ausland verblieben, hätten bei einem Wiedererwerbe der Staatsangehörigkeit vielfach an dem einzelnen Bundesstaate nicht das geringste Interesse. Es sei daher richtig, ihnen den Erwerb unmittelbarer Reichsangehörigkeit zu ermöglichen. Von seiten der verbündeten Regierungen wurde dagegen kein Widerspruch erhoben. Zwar erscheine eine Vermehrung der Fälle der unmittelbaren Reichsangehörigkeit im allgemeinen nicht angezeigt. Es lasse sich aber nicht wohl verkennen, daß die Personen, die im Ausland lebten, in erster Linie die Wiederaufnahme in den Reichsverband erstrebten, um den Schutz des Reiches zu erhalten und daß es überdies vielfach zweifelhaft sein könne, welchem Bundesstaate sie oder ihre Vorfahren früher angehört hätten. Es könne da in der Tat den Verhältnissen entsprechen und zur Erleichterung der Wiederaufnahme dienen, wenn man ihnen die unmittelbare Reichsangehörigkeit verleihe. Dieser Antrag werde daher wohl Aussicht auf Annahme im Bundesrate haben. (Wegen der in § 34 benannten Personen s. § 34.) Die Anträge wurden darauf angenommen, die diesbezüglichen Bestimmungen selbst aber nicht zu §§ 9 und 11 des Entwurfs, sondern als Nr. 2 zu § 30 des Entwurfs (§ 33 des Gesetzes) und als selbständiger § 30a (im Gesetz § 34) eingefügt. KomBer. S. 41 bis 45, 82, 110, 123. Vom Plenum des Reichstages wurden die Bestimmungen in der Fassung der Kommissionsbeschlüsse ohne Debatte angenommen. StenBer. S. 5334 A, B, 5775 C.

Vgl. hierzu auch Einleitung S. 17; § 1 Anm. 1.

2. Die unmittelbare Reichsangehörigkeit wird immer nur verliehen. Die Verleihung ist stets abhängig von einem Antrage desjenigen, der die Reichsangehörigkeit erlangen will, und von einem ausdrücklichen obrigkeitlichen Willens-, „Verleihungs“-Akt. „Automatisch“ erfolgt der Erwerb der

unmittelbaren Reichsangehörigkeit für die in §§ 33, 34 angeführten Personen niemals.

In der Kommission wurde bei der zweiten Lesung beantragt, zwischen den Worten „kann" und „verliehen werden" einzuschalten „auf ihren Antrag". Es sei das wichtig, um das Verhältnis des § 9 (im Gesetz § 13) zu dem § 30 (im Gesetz § 33) klarzustellen. Regierungsseitig wurde erklärt, der vorgeschlagenen Einfügung der Worte „auf Antrag" bedürfe es nicht. In der Sache sei es durchaus richtig, daß die Verleihung der Reichsangehörigkeit nur auf einen entsprechenden Antrag erfolgen könne. Dies komme aber in dem Gesetze genügend durch die Vorschrift des § 30b (im Gesetz § 35) zum Ausdruck, wonach auf die unmittelbare Reichsangehörigkeit die Vorschriften des Gesetzes über die Staatsangehörigkeit in einem Bundesstaat Anwendung fänden. In diesen Vorschriften sei überall genau angegeben, auf wessen Antrag die Einbürgerung erfolge; insbesondere gelte dies auch für § 9 (§ 13 des Gesetzes). Der Antrag wurde hierauf zurückgezogen. KomBer. S. 95.

Wegen des „Antrages" selbst s. § 7 Anm. 2c.

3. Den in § 33 benannten Personen steht außerdem kein Rechtsanspruch auf Verleihung der unmittelbaren Reichsangehörigkeit zu; die Verleihung ist vielmehr nur für zulässig, für möglich erklärt worden („kann" verliehen werden). Insbesondere begründet auch die Angehörigkeit zu einem Schutzgebiete an sich nicht die Reichsangehörigkeit. S. auch Anm. 6.

4. Zu Nr. 1.

a) Als „Ausländer" ist jeder Nichtdeutsche anzusehen. Als Ausländer gelten auch die Staatlosen.

b) Wegen des Begriffes „Niederlassung" s. § 7 Anm. 2b. Die Niederlassung muß erfolgt sein vor Beantragung der Verleihung (niedergelassen „hat") s. § 7 a. a. O.

c) Außer den Ausländern, die sich in einem Schutzgebiete

niedergelassen haben, kann nach Nr. 1 die unmittelbare Reichsangehörigkeit verliehen werden einem Eingeborenen in einem Schutzgebiete.

Bei der zweiten Beratung des Entwurfes im Plenum des Reichstages wurde die Frage aufgeworfen, welchen Eingeborenen in den deutschen Schutzgebieten die Reichsangehörigkeit verliehen werden solle. Es könne sich doch „nur um ganz besondere Ausnahmefälle handeln, daß die Eingeborenen den Deutschen hier absolut gleichgestellt würden" (StenBer. S. 5288 A). Der Vertreter der verbündeten Regierungen gab darauf folgende Erklärung ab (StenBer. S. 5334 A, B):

„Die Befugnis des Reichskanzlers, Eingeborenen in den Schutzgebieten die Reichsangehörigkeit zu verleihen, wird nicht erst durch den § 30 der Gesetzesvorlage begründet, sondern besteht bereits auf Grund des § 9 des Schutzgebietsgesetzes, dessen Inhalt, soweit er den Erwerb und den Verlust der unmittelbaren Reichsangehörigkeit behandelt, im § 30 lediglich wiedergegeben ist, wie das auch die Begründung der Gesetzesvorlage zum § 30 hervorhebt. An den Grundsätzen, die schon bisher für die Verleihung der Reichsangehörigkeit an Eingeborene in den Schutzgebieten maßgebend waren, wird daher durch den § 30 nichts geändert.

Die Kolonialverwaltung versteht unter Eingeborenen die Angehörigen der in den Schutzgebieten heimischen, eingesessenen Stämme, die ihnen rechtlich gleichgestellten Angehörigen fremder, farbiger Stämme und die Mischlinge, indessen nur, insofern nicht die Stammesangehörigen oder Mischlinge die Reichsangehörigkeit oder eine ausländische Staatsangehörigkeit besitzen. Die Verleihung der Reichsangehörigkeit an Eingeborene ist bisher nur unter der Voraussetzung erfolgt, daß der Bildungs- und Wirtschaftsstand sowie die sittliche Lebensführung des Eingeborenen die bürgerlich-rechtliche Gleichstellung mit den Nichteingeborenen rechtfertigten. Die Kolonialverwaltung hat mangels dieser Voraussetzungen bislang überhaupt davon abgesehen, reinrassige Eingeborene einzubürgern und wird auch für die Zukunft, sofern die angegebenen Voraussetzungen fehlen, davon Abstand nehmen. Dagegen hat sie in einzelnen Ausnahmefällen Mischlingen, bei denen die Voraussetzungen zutrafen, die Reichsangehörigkeit verliehen, um Härten zu beseitigen, die sich aus einer Gleichstellung mit den Eingeborenen ergaben. Diese Fälle werden jedoch, wie auch in der Begründung der Gesetzesvorlage zum § 30 (im Gesetz § 33) ausgeführt ist, auch in Zukunft eine seltene Ausnahme bilden."

5. Zu Nr. 2.

a) „Inland" ist das gesamte Gebiet des Deutschen Reichs. Als „Inland" im Sinne dieses Gesetzes gelten ferner die Schutzgebiete selbst. § 2 Abs. 2.

b) Wegen des Begriffes „Niederlassung" s. § 7 Anm. 2b.

c) Wegen der „Abstammung" s. § 4 Anm. 3a. Bezüglich der Annahme an Kindesstatt s. §§ 1741 ff. BGB.

6. Die Verleihung erfolgt durch den Reichskanzler. Gegen die Ablehnung des Antrags auf Verleihung gibt es kein Rechtsmittel. S. § 40 Anm. 2.

7. Wirksam wird die Verleihung mit der Aushändigung der vom Reichskanzler oder der durch ihn bezeichneten Behörde darüber ausgefertigten Urkunde. § 16 Abs. 1, § 35.

8. Die Verleihung erstreckt sich, insofern nicht in der Urkunde ein Vorbehalt gemacht wird, zugleich auf die Ehefrau und diejenigen Kinder, deren gesetzliche Vertretung demjenigen, dem die unmittelbare Reichsangehörigkeit verliehen ist, kraft elterlicher

Gewalt zusteht. Ausgenommen sind Töchter, die verheiratet sind oder gewesen sind. § 16 Abs. 2, § 35. Vgl. hierzu die Ausführungen in § 16 Anm. 5.

9. Kostenfreiheit hat das Gesetz für die Erteilung der Verleihungsurkunde nicht gewährt. §§ 35, 38.

§ 34.

Einem Ausländer, der im Reichsdienst angestellt ist und seinen dienstlichen Wohnsitz im Ausland hat, muß auf seinen Antrag die unmittelbare Reichsangehörigkeit verliehen werden, wenn er ein Diensteinkommen aus der Reichskasse bezieht; sie kann ihm verliehen werden, wenn er ein solches Einkommen nicht bezieht.

1. Die Vorschrift war im Entwurf nicht enthalten, sie beruht auf einem Beschlusse der Kommission.

Bei der Beratung des Antrags wurde dazu ausgeführt, der Gedanke eines Ausbaues der unmittelbaren Reichsangehörigkeit habe bereits bei dem entsprechenden Antrage zu § 9 des Entwurfs (im Gesetz § 33 Nr. 2; s. § 33 Anm. 1) die Zustimmung der Kommission gefunden. Die im § 11 (im Gesetz § 34) genannte Gruppe von Reichsbeamten im Ausland hätte aber ein gleiches Interesse an der Erlangung unmittelbarer Reichsangehörigkeit wie jene im § 9 (Gesetz § 33 Nr. 2) genannten Auslandsdeutschen. Regierungsseitig wurde anerkannt, daß sich der Antrag als Folge des entsprechenden Antrages zu § 9 des Entwurfs ergäbe, den die Kommission angenommen habe. Es handle sich um die Ausdehnung der Fälle der unmittelbaren Reichsangehörigkeit in dem Sinne, daß den im Ausland lebenden Personen, die für die Aufnahme in den Reichsverband in Betracht kämen, der Erwerb der unmittelbaren Reichsangehörigkeit ermöglicht werde. Die Kommissionsfassung des § 9 (Gesetz § 33 Nr. 2) sehe eine solche Möglichkeit für im Ausland lebende ehemalige Deutsche und ihre Abkömmlinge vor. Der Antrag zu § 11 beziehe sich dagegen auf reine Ausländer, die im Ausland in den Reichsdienst treten wollten. Wie bei der Beratung des Antrags zu § 9, so könne auch zu diesem Antrage bemerkt werden, daß die verbündeten Regierungen einem Wunsche des Reichstags auch in diesem Punkte wohl nicht ablehnend gegenüberstehen würden. Ja, es könnten für diesen Antrag die Gründe, die im allgemeinen für die Ausdehnung der unmittelbaren Reichsangehörigkeit in Betracht kämen, in noch verstärktem Maße geltend gemacht werden, denn bei den im § 9 erwähnten Personen seien immerhin Beziehungen zu den einzelnen Bundesstaaten vorhanden, zu denjenigen nämlich, in denen der Aufzunehmende oder sein Vorfahr die Staatsangehörigkeit besessen habe. Bei den im § 11 erwähnten Personen aber werde eine solche Beziehung in der Regel nicht vorhanden sein.

Die Vorschrift wurde darauf von der Kommission angenommen und in erster Lesung in Abs. 2 des § 11 des Entwurfs, von der Redaktionskommission und von der Kommission in zweiter Lesung als § 30a eingefügt. Vom Plenum des Reichstages wurde die Vorschrift in der Fassung der Kommissionsbeschlüsse ohne Debatte angenommen. KomBer. S. 44, 45, 82, 110, 123; StenBer. S. 5334 B, 5775 C. S. auch § 15 Anm. 1. S. 67, § 33 Anm. 1.

2. Als „Ausländer" ist jeder Nichtdeutsche anzusehen. § 1. Als Ausländer gelten auch die Staatlosen.

3. Wegen des Begriffes „Anstellung" s. § 14 Anm. 1.

4. „Ausland" ist jedes nicht zum Deutschen Reiche gehörige Gebiet. Die Schutzgebiete gelten im Sinne dieses Gesetzes als Inland. § 2 Abs. 2.

5. Die unmittelbare Reichsangehörigkeit wird seitens des Ausländers nicht ohne weiteres und von selbst durch die Anstellung erworben, sie wird vielmehr immer nur auf Antrag verliehen. Wegen des „Antrages" s. § 7 Anm. 2c.

6. Je nachdem der Angestellte ein Diensteinkommen aus der Reichskasse bezieht oder nicht, unterscheidet das Gesetz zwischen einem Rechte auf Verleihung der un-

mittelbaren Reichsangehörigkeit und der bloßen Zulässigkeit. Bezieht der Angestellte ein Diensteinkommen aus der Reichskasse, so hat er einen Rechtsanspruch auf Verleihung der Reichsangehörigkeit, diese darf ihm nicht versagt werden („muß" verliehen werden). Im anderen Falle „kann" sie ihm verliehen werden.

7. Wirksam wird die Verleihung mit der Aushändigung der seitens des Reichskanzlers oder der von ihm bezeichneten Behörde ausgestellten Verleihungsurkunde. §§ 35, 16.

8. Die Verleihung erstreckt sich, insofern nicht in der Urkunde ein Vorbehalt gemacht wird, zugleich auf die Ehefrau und auf diejenigen Kinder, deren gesetzliche Vertretung dem Eingebürgerten kraft elterlicher Gewalt zusteht. Ausgenommen sind Töchter, die verheiratet sind oder gewesen sind. §§ 35, 16 Abs. 2.

9. Nach § 38 ist nur in den Fällen des § 34, erster Halbsatz, also wenn der Angestellte ein Diensteinkommen aus der Reichskasse bezieht und ihm demgemäß die unmittelbare Reichsangehörigkeit auf Antrag verliehen werden muß, die Verleihungsurkunde kostenfrei zu erteilen, in anderen Fällen nicht.

§ 35.

Auf die unmittelbare Reichsangehörigkeit finden die Vorschriften dieses Gesetzes über die Staatsangehörigkeit in einem Bundesstaate mit Ausnahme der Vorschriften des § 4 Abs. 2, des § 8 Abs. 2, des § 10 Satz 2, des § 11 Satz 2, des § 12 Satz 2 und der §§ 14, 21 mit der Maßgabe entsprechende Anwendung, daß an die Stelle der Zentralbehörde des Bundesstaats der Reichskanzler und an die Stelle der höheren Verwaltungsbehörde der Reichskanzler oder die von ihm bezeichnete Behörde treten.

Entwurf: § 30 Abs. 1 Satz 2.

1. Die Bestimmung regelt die Anwendbarkeit der Vorschriften im zweiten Abschnitt über die „Staatsangehörigkeit in einem Bundesstaate“ (§§ 3 bis 32) „auf die unmittelbare Reichsangehörigkeit“.

In dem Entwurf standen anstatt der Eingangsworte „auf die unmittelbare Reichsangehörigkeit“ die Worte: „auf den Erwerb und den Verlust der unmittelbaren Reichsangehörigkeit“. In der Kommission wurde darauf hingewiesen, diese Fassung sei zu eng. Es sei daher angezeigt, die Worte: „auf den Erwerb und Verlust“ zu streichen, doch könne man das der Redaktionskommission überlassen. Von einem Regierungsvertreter wurde ausgeführt, daß der Antrag auf Streichung der Worte „den Erwerb und den Verlust“ geeignet sei, gewisse Bedenken gegen die Fassung des § 30 (im Gesetz § 35) zu beseitigen. Denn es werde hierdurch außer Zweifel gestellt, daß auch die rechtlichen Wirkungen der Staatsangehörigkeit auf die unmittelbare Reichsangehörigkeit Anwendung fänden. Schon vorher war in der Kommissionsberatung regierungsseitig erklärt worden, „daß die Behandlung der unmittelbaren Reichsangehörigkeit dieselbe sein solle wie die der Staatsangehörigkeit in einem Bundesstaate“. KomBer. S. 14. Die Worte „den Erwerb und den Verlust“ wurden dann von der Redaktionskommission gestrichen. Ferner wurden von der Kommission zu denjenigen Vorschriften, die auf die unmittelbare Reichsangehörigkeit keine Anwendung finden sollen, außer den im Entwurf aufgeführten § 7 Abs. 2, § 8 Satz 2 und § 10 (im Gesetz § 8 Abs. 2, § 10 Satz 2 und § 14) noch die §§ 3 Abs. 2, 8a Satz 2, 8b Satz 2 und § 16 (im Gesetz §§ 4 Abs. 2, 11 Satz 2, 12 Satz 2 und § 21) hinzugefügt. KomBer. 66, 67, 123. Vom Plenum des Reichstages wurde dann die Vorschrift in der 2. und 3. Lesung nach der Fassung der Kommissionsbeschlüsse unverändert angenommen. StenBer. S. 5334 B, 5775 C.

2. Abgesehen von den im Gesetz ausdrücklich ausgenommenen Vorschriften in § 4 Abs. 2 (betreffend die Staatsangehörigkeit der Findelkinder), in § 8 Abs. 2, § 10 Satz 2, § 11 Satz 2, § 12 Satz 2 (Anhörung der Gemeinde oder des Armenverbandes) und in den §§ 14 (Erwerb der Staatsangehörigkeit durch Anstellung) und 21 (Entlassung aus der Staatsangehörigkeit in einem Bundesstaate unter Vorbehalt der Staatsangehörigkeit in einem anderen Bundesstaate) finden die sämtlichen Vorschriften im zweiten Abschnitt über die mittelbare Reichsangehörigkeit (durch Staatsangehörigkeit in einem Bundesstaat) und im 4. Abschnitt (§ 38 wegen § 34, sowie § 39) auf die unmittelbare „entsprechende“, d. h. sinngemäße Anwendung. Danach wird auch in den Schutzgebieten die Reichsangehörigkeit ebenso wie in einem Bundesstaate durch Geburt (§ 4), Legitimation (§ 5), Eheschließung (§ 6) und Aufnahme (§§ 7, 14, 16) erworben.

Verloren geht die unmittelbare Reichsangehörigkeit aus den im § 17 aufgeführten Gründen. Begr. S. 33. Das Nähere hierzu s. zu den einzelnen Paragraphen.

3. Aus der Begründung sei hier noch angeführt (S. 33):

Die in den §§ 7 Abs. 2 und 8 Satz 2 des Entwurfs (im Gesetz § 8 Abs. 2, § 10 Satz 2) — und außerdem in den von der Kommission hier noch eingefügten §§ 11 Satz 2, 12 Satz 2 — vorgesehene Anhörung der Gemeinde oder des Armenverbandes ist bei der unmittelbaren Reichsangehörigkeit ausgeschieden, da sie in den Schutzgebieten nicht allgemein durchführbar sein würde.

Die Vorschrift des § 10 (im Gesetz § 14) soll auf die Schutzgebiete keine Anwendung finden, weil es zweckmäßiger erscheint, daß die Reichsangehörigkeit dort nicht stillschweigend durch Anstellung, sondern nur durch ausdrückliche Verleihung erworben wird. Überdies wird es sich meist um Farbige handeln, für welche die Verleihung der Reichsangehörigkeit nur ausnahmsweise in Frage kommen kann. (Vgl. § 33 Anm. 4c.)

4. An die Stelle der „Zentralbehörde des Bundesstaates“ (in den Fällen der §§ 27, 28) tritt der Reichskanzler, an die Stelle der „höheren Verwaltungsbehörde“ (in den Fällen der §§ 16, 23) ebenfalls der Reichskanzler oder die von ihm bezeichnete Behörde.

Vierter Abschnitt.

Schlußbestimmungen.

§ 36.

Unberührt bleiben die Staatsverträge, die von Bundesstaaten mit ausländischen Staaten vor dem Inkrafttreten dieses Gesetzes geschlossen sind.

Entwurf § 31.

1. In der Begründung des Entwurfes heißt es zu dieser Vorschrift:

Die Staatsverträge des Reiches werden selbstverständlich durch den Entwurf nicht berührt. Da jedoch in Ermangelung einer ausdrücklichen Bestimmung der Zweifel entstehen kann, inwieweit Verträge einzelner Bundesstaaten oder des Norddeutschen Bundes neben einem neuen Gesetze Geltung behalten würden, ist eine dies klarstellende Vorschrift in den Entwurf aufgenommen. Begr. S. 33.

Die Bestimmung wurde von der Kommission und ebenso dem Plenum des Reichstags unverändert angenommen. KomBer. S. 69, 95, 124, 125; StenBer. S. 5334 D, 5775 C.

2. Die 25 Bundesstaaten sind in Art. 1 der Reichsverfassung aufgeführt. Als Bundesstaat im Sinne dieses Gesetzes gilt auch Elsaß-Lothringen. § 2 Abs. 2.

3. Als „ausländische“ Staaten sind alle Staaten anzusehen, die nicht zum Deutschen Reiche gehören.

4. Nur die vor dem Inkrafttreten dieses Gesetzes, d. i. nach § 41 vor dem 1. Januar 1914, geschlossenen Verträge der genannten Art bleiben unberührt.

5. Eine besondere Erwähnung verdienen hier noch die sog. „Bancroftverträge". In der Kommission wurde unter Hinweis auf die Bestimmung des § 21 des Entwurfs (im Gesetz § 25) bei den Regierungsvertretern angefragt, inwieweit namentlich die Bancroftverträge noch Bedeutung hätten. Unter den Bancroftverträgen, die ihren Namen haben von dem damaligen nordamerikanischen Gesandten Bancroft in Berlin, versteht man diejenigen Verträge, welche die Vereinigten Staaten von Nordamerika bezüglich der in den Vereinigten Staaten naturalisierten Personen mit dem Norddeutschen Bunde, mit Bayern, Baden, Württemberg und Hessen im Jahre 1868 abgeschlossen haben, und zwar mit dem Norddeutschen Bunde am 22. Febr. 1868 (BGBl. S. 228ff.), mit Bayern am 26. Mai 1868 (bayer. RegBlatt S. 2153ff.), mit Württemberg am 27. Juni 1868 (RegBlatt 1872, S. 172ff., Beil. 27), mit Baden am 19. Juli 1868 (bad. RegBlatt 1869, S. 579ff.), mit Hessen für die nicht zum Norddeutschen Bunde gehörigen Teile des Großherzogtums am 1. Aug. 1868 (hess. RegBlatt 1869, S. 597ff.). Nach diesen Verträgen dürfen Angehörige des einen Teiles, die in dem Gebiete des anderen Teiles fünf Jahre zugebracht haben und daselbst naturalisiert sind, nicht mehr als der früheren Staatsangehörigkeit teilhaftig behandelt, insbesondere also nicht zur Ableistung der Militärpflicht herangezogen werden, es sei denn, daß sie sich länger als zwei Jahre oder ohne die Absicht der Rückkehr in dem ursprünglichen Heimatlande wieder aufhalten.

Regierungsseitig wurde dahin geantwortet, daß es für die Entscheidung der Frage, ob die Fortgeltung der sog. Bancroftverträge der Anwendung des § 21 (§ 25 des Gesetzes) im Wege stehe, darauf ankomme, in welchem Umfange wir durch diese Verträge völkerrechtliche Verpflichtungen gegenüber den Vereinigten Staaten von Amerika übernommen hätten. Diese Verpflichtungen gingen nun lediglich dahin, daß wir einem Deutschen, der sich fünf Jahre in den

Vereinigten Staaten aufgehalten habe und dort naturalisiert worden sei, nicht mehr als Deutschen, sondern als Amerikaner behandeln. Dagegen stehe es uns völlig frei, für einen Deutschen, der sich in den Vereinigten Staaten aufhalte, schon vor Ablauf von fünf Jahren den Verlust der Reichsangehörigkeit aus irgendeinem Grunde eintreten zu lassen. Nehme z. B. ein solcher Deutscher seine Entlassung aus der Reichsangehörigkeit, so verliere er diese schon nach dem bisherigen Rechte ohne Rücksicht darauf, wie lange er sich in den Vereinigten Staaten aufgehalten habe. Ganz ebenso sei es mit den im Entwurfe vorgesehenen neuen Ausbürgerungsgründen und insbesondere mit dem Verlustgrund des § 21 (§ 25 des Gesetzes). KomBer. S. 69.

Vgl. hierzu auch § 25 Anm. 7.

§ 37.

Soweit in Reichsgesetzen oder in Landesgesetzen auf Vorschriften des Gesetzes über die Erwerbung und den Verlust der Bundes- und Staatsangehörigkeit vom 1. Juni 1870 oder des Gesetzes, betreffend die Naturalisation von Ausländern, welche im Reichsdienst angestellt sind, vom 20. Dezember 1875 verwiesen ist, treten an deren Stelle die entsprechenden Vorschriften dieses Gesetzes.

Entwurf § 32.

1. Die Vorschrift fand in der Kommission und im Plenum des Reichstages ohne Beratung Annahme. KomBer. S. 69, 95; StenBer. S. 5334 D, 5775 C.

2. Das Gesetz v. 20. Dez. 1875 bestimmte:

„Ausländern, welche im Reichsdienste angestellt sind, ein Diensteinkommen aus der Reichskasse beziehen und ihren dienstlichen Wohnsitz im Auslande haben, darf von demjenigen Bundesstaat, in welchem sie die Verleihung der Staatsangehörigkeit nachsuchen, die Naturalisationsurkunde nicht versagt werden."

An die Stelle dieser Bestimmung tritt nunmehr die Vorschrift in § 15 Abs. 2.

§ 38.

In den Fällen des § 7, der §§ 10, 11, 12, 30, 31 und des § 34 erster Halbsatz werden die Aufnahme- oder Einbürgerungsurkunden kostenfrei erteilt. Das gleiche gilt für die Erteilung von Entlassungsurkunden in den Fällen des § 21.

Für die Erteilung von Entlassungsurkunden in anderen als den im § 21 bezeichneten Fällen dürfen an Stempelabgaben und Ausfertigungsgebühren zusammen nicht mehr als drei Mark erhoben werden.

Entwurf § 29.

1. Die Bestimmung regelt die Kostenfrage bezüglich der Erteilung der Aufnahme-, Einbürgerungs- und Entlassungsurkunden.

a) Nach dem Entwurf sollte Kostenfreiheit nur in den Fällen der §§ 6, 8, 11 Abs. 2, 22 Abs. 3 Satz 2, 26 und 16 Abs. 1 (im Gesetz §§ 7, 10, 15 Abs. 2, 26 Abs. 3 Satz 2, 31 und 21) eintreten. In der Begründung heißt es hierzu (S. 32): Die Aufnahmeurkunden des Gesetzes vom 1. Juni 1870, für die der § 24 die Kostenfreiheit festsetzte, decken sich in dem Entwurfe mit den Aufnahmeurkunden in den Fällen des § 6 (im Gesetz § 7). Für die Urkunden über die Wiederaufnahme von Witwen und geschiedenen Ehefrauen (§ 8 des Entwurfes, § 10 des Gesetzes), über die Aufnahme der im Reichsdienst angestellten Ausländer (§ 11 Abs. 2 des Entwurfs, § 15 Abs. 2 des Gesetzes), über die Wiederaufnahme der ohne ihr Verschulden wegen Nichterfüllung der Wehrpflicht Ausgebürgerten (§ 22 Abs. 3 Satz 2 des Entwurfs, § 26

Abs. 3 Satz 2 des Gesetzes) und der nach bisherigem Reichsrecht oder vor dem geltenden Landesrechte durch Aufenthalt im Ausland staatlos gewordenen Personen (§ 26 des Entwurfs, § 31 des Gesetzes) sowie für die Entlassungsurkunden in den Fällen des § 16 Abs. 1 des Entwurfs (§ 21 des Gesetzes) rechtfertigt sich die Kostenfreiheit aus Billigkeitsgründen, zumal, da in diesen Fällen im allgemeinen ein Rechtsanspruch auf Aufnahme oder Entlassung besteht.

Die Fassung des Gesetzes beruht auf den Beschlüssen der Kommission. KomBer. S. 66, 94, 95, 122, 123, 125. Vom Plenum des Reichstags wurde dann die Vorschrift nach den Kommissionsbeschlüssen unverändert angenommen. StenBer. S. 5334 D, 5775 C.

b) In der Kommission war bei der ersten Lesung beantragt worden, die Beschränkung der Kostenfreiheit auf die im Entwurf einzeln angeführten Paragraphen zu streichen und für die Aufnahmeurkunden allgemein Kostenfreiheit zu gewähren. Man dürfe die Naturalisation nicht zum Geschäft machen; es sei richtiger, für Aufnahme und Einbürgerung überhaupt keine Gebühren zu erheben. Aus der Kommission wurde dem Antrag zugestimmt, jedoch sei angemessener, auch den Absatz 2 zu streichen, da aus ihm sich wieder die Neigung der Regierung ergebe, die Entlassung zu erleichtern. Regierungsseitig wurde auf den der getroffenen Regelung zugrunde liegenden Gedanken hingewiesen. Kostenfrei seien nur die Fälle, in denen ein Recht auf Aufnahme gewährt sei. In anderen Fällen die Kostenfreiheit durchzuführen bestehe um so weniger ein Grund, als nach den Stempelgesetzgebungen der meisten Bundesstaaten, so auch nach dem preußischen Stempelsteuergesetz, bei Bedürftigkeit die Kosten auf einen ganz niedrigen Satz herabgesetzt werden könnten. Der Streichungsantrag wurde daraufhin abgelehnt. KomBer. S. 66.

2. Die „Kostenfreiheit“ erstreckt sich nur auf Freiheit von Stempelabgaben und Ausfertigungsgebühren. Dagegen darf die Behörde den Ersatz ihrer Portoauslagen verlangen. Auch erstreckt sich die Kostenfreiheit nicht etwa auf die durch Erteilung der Zustimmung der Vormundschaftsbehörde (§ 7 Abs. 2) oder durch Genehmigung des Vormundschaftsgerichts (§ 19) entstehenden Kosten.

3. Nur in den im Gesetz ausdrücklich hervorgehobenen Fällen werden die Aufnahme- oder Einbürgerungsurkunden kostenfrei erteilt, und zwar hiernach nur in den Fällen, in denen ein Rechtsanspruch auf Aufnahme oder Einbürgerung (sowie Verleihung der unmittelbaren Reichsangehörigkeit) besteht (wo das Gesetz sagt: „muß“ aufgenommen oder eingebürgert werden, „muß“ die unmittelbare Reichsangehörigkeit verliehen werden). In allen anderen Fällen, in denen ein solcher Rechtsanspruch nicht besteht, die Aufnahme vielmehr nur für zulässig erklärt worden („kann“ aufgenommen oder eingebürgert werden, „kann“ die Reichsangehörigkeit verliehen werden, §§ 8, 13, 26 Abs. 3 Satz 1, 32 Abs. 3, 33, 34 zweiter Halbsatz), können für die Aufnahme- und Einbürgerungsurkunden Kosten erhoben werden, und zwar haben hier die einzelnen Bundesstaaten bezüglich der Höhe volle Freiheit. S. auch Anm. 1 b.

§ 39.

Der Bundesrat erläßt Bestimmungen über die Aufnahme-, Einbürgerungs- und Entlassungsurkunden sowie über die Urkunden, die zur Bescheinigung der Staatsangehörigkeit dienen.

Die Landeszentralbehörden bestimmen, welche Behörden im Sinne dieses Gesetzes als höhere Verwaltungsbehörden und als Militärbehörden anzusehen sind.

Entwurf § 33.

1. Die Vorschrift wurde nach Einfügung des im Entwurfe nicht enthaltenen Wortes „Einbürgerungs" (s. § 3 Anm. 5) von der Kommission ohne Beratung angenommen, KomBer. S. 69, 95, 125, ebenso im Plenum des Reichstags, StenBer. S. 5334 D, 5775 C.

2. Es entspricht dem Bedürfnis, die Aufnahme-, Einbürgerungs- und Entlassungsurkunden in den verschiedenen Bundesstaaten möglichst gleichartig zu gestalten. Ferner verleiht das Gesetz dem Bundesrate das Recht, auch weiterhin einheitliche Bestimmungen über Heimatscheine (Urkunden zur Bescheinigung der Staatsangehörigkeit) zu treffen. Solche Urkunden sind im § 21 Abs. 1 des bisher geltenden Gesetzes vorgesehen und werden auf Grund von Bundesratsbeschlüssen nach einheitlichen Grundsätzen ausgestellt; sie haben sich als zweckmäßig erwiesen, auch sind sie nach Verträgen des Reichs mit fremden Staaten für Niederlassungsverhältnisse von Bedeutung. Begr. S. 33.

3. Zu Abs. 2.

Wo das Gesetz von der „höheren Verwaltungsbehörde" (§§ 14, 16, 23, 35) und von der „Militärbehörde" (§§ 22 Nr. 3, 26 Abs. 3, 32 Abs. 2) spricht, will es nicht in die landesrechtlichen Zuständigkeitsvorschriften eingreifen. Der Absatz 2 gibt daher der Landeszentralbehörde volle Freiheit, zu bestimmen, welche Behörden im Sinne dieses Gesetzes als Verwaltungsbehörden und als Militärbehörden anzusehen sind. Die Vorschrift schließt sich an den § 155 der Gewerbeordnung an; sie ermächtigt die Landeszentralbehörden, auch solche Staatsbehörden als höhere Verwaltungsbehörden im Sinne des Gesetzes zu bezeichnen, die nach dem inneren Staatsrecht nicht als solche gelten. Begr. S. 34.

§ 40.

Gegen die Ablehnung des Antrags auf Aufnahme gemäß § 7, auf Einbürgerung in den Fällen der §§ 10

11, 15, des § 26 Abs. 3, der §§ 30, 31, des § 32 Abs. 3 oder des Antrags auf Entlassung in den Fällen der §§ 21, 22 ist der Rekurs zulässig.

Die Zuständigkeit der Behörden und das Verfahren bestimmen sich nach den Landesgesetzen und, soweit landesgesetzliche Vorschriften nicht vorhanden sind, nach den §§ 20, 21 der Gewerbeordnung.

1. In dem Entwurfe war eine Bestimmung über die Anfechtbarkeit von Entscheidungen auf Grund dieses Gesetzes nicht enthalten. Bereits in der Kommission wurden sowohl bei der ersten wie bei der zweiten Lesung mehrere Anträge auf Zulassung eines Rechtsmittels, namentlich gegen die Verweigerung der Aufnahme und den Ausspruch des Verlustes der Staatsangehörigkeit, gestellt (Anfechtbarkeit im Verwaltungsstreitverfahren oder im Wege des Rekurses nach Maßgabe der Vorschriften der §§ 20, 21 der Gewerbeordnung). Die Anträge wurden aber abgelehnt. S. KomBer. S. 68, 69, 94, 95. Die jetzige Bestimmung wurde vom Plenum des Reichstages bei der zweiten Beratung des Entwurfes eingefügt. StenBer. S. 5334 C, 5340 B.

2. Nur in den ausdrücklich in § 40 angeführten Fällen ist der Rekurs zulässig, andere Entscheidungen auf Grund dieses Gesetzes sind weder durch Rekurs noch im Verwaltungsstreitverfahren anfechtbar.

3. Zu Abs. 2.

a) Für die Zuständigkeit der Behörden und das Rekursverfahren sind in erster Linie die Vorschriften der Landesgesetze maßgebend. Nur soweit landesgesetzliche Vorschriften nicht vorhanden sind, kommt das Rekursverfahren nach §§ 20, 21 der Gewerbeordnung zur Anwendung.

Die Vorschriften der §§ 20, 21 der Gewerbeordnung lauten:

§ 20. Gegen den Bescheid ist **Rekurs** an die nächstvorgesetzte Behörde zulässig, welcher bei Verlust desselben **binnen vierzehn Tagen, vom Tage der Eröffnung des Bescheids an gerechnet,** gerechtfertigt werden muß.

Der Rekursbescheid ist den Parteien schriftlich zu eröffnen und muß mit Gründen versehen sein.

§ 21. Die näheren Bestimmungen über die Behörden und das Verfahren, sowohl in der ersten als in der Rekursinstanz, bleiben den Landesgesetzen vorbehalten. Es sind jedoch folgende Grundsätze einzuhalten:

1. In erster oder in zweiter Instanz muß die Entscheidung durch eine kollegiale Behörde erfolgen. Diese Behörde ist befugt, Untersuchungen an Ort und Stelle zu veranlassen, Zeugen und Sachverständige zu laden und eidlich zu vernehmen, überhaupt den angetretenen Beweis in vollem Umfange zu erheben.
2. Bildet die kollegiale Behörde die erste Instanz, so erteilt sie ihre Entscheidung in öffentlicher Sitzung, nach erfolgter Ladung und Anhörung der Parteien, auch in dem Falle, wenn zwar Einwendungen nicht angebracht sind, die Behörde aber nicht ohne weiteres die Genehmigung erteilen will, und der Antragsteller innerhalb vierzehn Tagen nach Empfang des die Genehmigung versagenden oder nur unter Bedingungen erteilenden Bescheides der Behörde auf mündliche Verhandlung anträgt.
3. Bildet die kollegiale Behörde die zweite Instanz, so erteilt sie stets ihre Entscheidung in öffentlicher Sitzung, nach erfolgter Ladung und Anhörung der Parteien.
4. Als Parteien sind der Unternehmer (Antragsteller), sowie diejenigen Personen zu betrachten, welche Einwendungen erhoben haben.
5. Die Öffentlichkeit der Sitzungen kann unter entsprechender Anwendung der §§ 173—176 des Gerichtsverfassungsgesetzes ausgeschlossen oder beschränkt werden.

b) Eine Frist für die Einlegung des Rekurses hat das Gesetz nicht bestimmt. Maßgebend bleiben also zunächst die landesgesetzlichen Vorschriften und, wo solche nicht vorhanden sind, die Vorschrift in § 20 Abs. 1 der Gewerbeordnung (s. Anm. a). Die hier vorgesehene vierzehntägige Frist ist eine Ausschlußfrist, die nicht verlängert werden kann. Die Frist wird nach der Zivilprozeßordnung berechnet. Gemäß § 222 daselbst in Verbindung mit § 187 BGB. ist der Tag der Zustellung nicht miteinzurechnen. Fällt das Ende einer Frist auf einen Sonntag oder allgemeinen Feiertag, so endigt die Frist mit Ablauf des nachfolgenden Werktages.

Wo nach Landesrecht, wie z. B. in Sachsen, gegen die Rekursentscheidung noch das Verwaltungsstreitverfahren zulässig ist, findet auch dieses noch statt.

§ 41.

Dieses Gesetz tritt am 1. Januar 1914 gleichzeitig mit einem Gesetze zur Abänderung des Reichsmilitärgesetzes sowie des Gesetzes, betreffend Änderungen der Wehrpflicht, vom 11. Februar 1888 in Kraft.

Urkundlich unter Unserer Höchsteigenhändigen Unterschrift und beigedrucktem Kaiserlichen Insiegel.

Gegeben Balholm, an Bord M. Y. „Hohenzollern", den 22. Juli 1913.

(L. S.) Wilhelm.

Delbrück.

Entwurf § 34.

Die Festsetzung des Zeitpunktes des Inkrafttretens des Gesetzes beruht auf dem Beschlusse des Reichstages in 3. Lesung. StenBer. S. 5775 D.

Das Gesetz hat in keiner Beziehung rückwirkende Kraft.

Sachregister.

Die Zahlen verweisen auf die Seiten.

A.

Abkömmlinge ehemaliger Deutscher 58, 59, 60.

Ablehnung eines Antrages, Rekurs gegen A. d. A. 37, 49, 52, 62, 68, 94, 108, 147 ff.

Abstammung, Erwerb der Staatsangeh. durch A. 23, 25; — eheliche A. 26, 58; Erwerb der unmittelbaren Reichsangeh. durch A. 131.

Abweisung eines Neuanziehenden 32.

Abwesenheit, Verlust der Staatsangeh. durch zehnjährige A. 14, 59, 60, 72, 120.

Adoption begründet keine Staatsangeh. 24, 30; s. auch Annahme an Kindesstatt.

Änderungen gegenüber dem Gesetz v. 1. Juni 1870 14 ff.

Aktives Dienen eines Ausländers in Heer oder Marine 55, 56.

Amerikanisches Bürgerrecht, Verlust der Staatsangeh. durch Erwerb des a. B. 100.

Anerkannte Religionsgesellschaft, Anstellung im Dienste einer a. R. als Aufnahme oder Einbürgerung 63, 64.

Angehörige 37, 41, 42; ehemalige A. eines Bundesstaats 43, 121.

Angehörigkeit zu einem fremden Staat 120, 124.

Anhörung der Bundesstaaten vor Einbürgerung 43, 44, 48; A. der Gemeinde oder des Armenverbandes vor Einbürgerung 37, 42, 50 53, 54, 55, 58, 116, 119 140; A. der Militärbehörde 103, 108.

Annahme an Kindesstatt be, gründet keine Staatsangeh. 24, 30, 43, 58; unmittelbare Reichsangehörigkeit eines an Kindesstatt Angenommenen 131.

Anstellung im Staats-, Gemeinde-, Schuldienst oder im Dienst einer anerkannten Religionsgesellschaft als Aufnahme oder Einbürgerung 63 ff., 68; A. im Reichsdienst 66, 68.

Antrag auf Aufnahme oder Einbürgerung 32ff., 34, 36, 37, 43, 53, 55, 58, 66, 115, 125; 133, 136; A. auf Entlassung 15, 74, 80, 81, 97.

Armee, Offiziere von der A. 92.

Armenverband, Anhörung des A. vor Einbürgerung 37, 42, 50, 53, 54, 55, 58, 116, 119; 140.

Aufenthalt, dauernder 33, 34, 49, 96, 97, 103, 116, 127; Verlust der Staatsangeh. durch zehnjährigen A. im Ausland 14, 59, 60, 72, 120.

Aufforderung zur Rückkehr bei Krieg 110, 111; A. zum Austritt aus ausländischem Staatsdienst 112.

Aufgefundenes Kind, Staatsangeh. eines a. K. 25ff.

Aufnahme, Erwerb der Staatsangeh. durch A. 23, 32ff., 63.

Ausbürgerung s. **Verlust** der Staatsangehörigkeit.

Ausfertigungsgebühren für Aufnahme-, Einbürgerungs- und Entlassungsurkunden 144.

Ausgehobene Rekruten 88.

Aushändigung von Aufnahme-, Einbürgerungs-, Anstellungsurkunden 67, 68ff.; A. von Entlassungsurkunden 94ff.

Ausland 49.

Ausländer 23, 24; Einbürgerung von A. 37ff., 43ff., 49, 55, 63, 66, 71, 72.

Ausländische Staatsangeh. 43, 48, 71; Verlust der Staatsangeh. durch Erwerb einer a. Staatsangeh. 97ff.

Ausspruch der Behörde, Verlust der Staatsangeh. durch A. d. B. 71, 110ff.

Austritt aus ausländischem Staatsdienst 112.

Ausweisung aus dem Reichsgebiet 108.

Außer Dienst, Offiziere a. D. 92.

B.

Bancroft-Verträge 100, 142.

Beamter, Anstellung als B. des Beurlaubtenstandes 63; Entlassung von B. aus der Staatsangeh. 82, 91.

Bedenken gegen die Einbürgerung 43, 44ff., 55, 58, 59.

Behörde, Verlust der Staatsangeh. durch Ausspruch der B. 71, 110ff.; B. des Heimatsstaats 94, 98.

Beistand, Genehmigung des Entlassungsantrages durch den Beistand 76, 79.

Bekanntmachung der Kriegsbereitschaft oder Mobilmachung 103, 106.

Beschluß der Behörde, Verlust der Staatsangeh. durch B. d. B. 71, 110ff.
Bescholtenheit 40.
Beschwerde s. Rekurs; Beschwerde der Staatsanwaltschaft 76, 77ff.
Besorgnis der Gefährdung des Wohles des Reiches oder eines Bundesstaates 43, 45, 55.
Bestätigung der Anstellung im Staats- usw. Dienste 63, 64, 69.
Beurlaubtenstand 90; Mannschaften des B. 82, 90ff.; Offiziere und Beamte des B. 63, 65, 82, 91, 93.
Bevollmächtigte, Aushändigung von Urkunden an B. 95.
Bundesrat entscheidet über Bedenken gegen Einbürgerung 43, 55, 58; Zustimmung des B. 98.
Bundesstaat, Staatsangeh. in einem B. 17, 19, 20, 23; Elsaß-Lothringen B. 22.

C.

(Siehe K.)

D.

Dauernder Aufenthalt 33, 34, 49, 96, 97, 103, 116, 127.
Deckoffiziere 92.
Deutscher, wer D. ist 19; ehemaliger D. 53, 58, 115, 120, 131.
Dienen, aktives D. eines Ausländers in Heer oder Marine 55, 56.
Dienst, Anstellung im Staats-, Gemeinde-, Schuldienst oder in einer Religionsgesellschaft als Aufnahme oder Einbürgerung 63ff., 68; Anstellung im Reichsd. 66; Offiziere außer D. 92.
Diensteinkommen, Bezug von D. 66, 68; 136.
Dienstlicher Wohnsitz 66.
Dienstpflicht 82, 84ff.
Dienstverpflichtung, endgültige Entscheidung über D. 82, 86ff., 103, 105, 127.
Disposition, zur D. gestellte Beamte 91, Offiziere 92.
Dreiundvierzigstes Lebensjahr 127, 128.

E.

Ehe, Kinder aus nichtiger E. 27.
Ehefrau, Erwerb der Staatsangeh. der E. 30ff., 35, 68; der geschiedenen E. 50, 51.
Eheliche Kinder 25, 26ff.
Ehelichkeitserklärung 29.
Ehemaliger Deutscher 53, 58, 115, 120, 131; e. Angehöriger e. Bundesstaats 121.
Eheschließung, Erfordernisse der E. 31; Erwerb der Staats-

angeh. durch E. 23, 30; Verlust der Staatsangeh. durch E. 71, 73.
Einberufung zum Heere 90, 91; zum Dienste 103.
Einbürgerung, Erwerb der Staatsangeh. eines Ausländers durch E. 23, 24, 37 ff., 43 ff., 55 ff.; der Witwe oder geschiedenen Ehefrau eines Ausländers 50 ff.; eines minderjährigen ehemaligen Deutschen 53 ff.; eines ehemaligen Deutschen, der sich nicht im Inland niedergelassen hat 58 ff.; eines Ausländers durch dienstliche Anstellung in einem Bundesstaat 63 ff.; durch Anstellung im Reichsdienst 66 ff.
Eingeborene in einem Schutzgebiet 23, 131, 134.
Einjährig-Freiwillige 88.
Einspruch gegen Einbürgerung 44.
Eintritt in ausländische Staatsdienste 112.
Einunddreißigstes Lebensjahr 103, 105.
Einundzwanzigstes Lebensjahr 44, 49, 53.
Einverleibter Staat 121, 125, 126.
Elsaß-Lothringen Bundesstaat 22.
Elterliche Gewalt, Personen unter e. G. 32, 36, 69, 70 ff., 75 ff., 99, 114.
Endgültige Entscheidung über Dienstverpflichtung 82, 86 ff., 103, 105, 127.
Enkel ehemaliger Deutscher 43.
Entlassung aus der Staatsangeh. 53, 71, 94; einer Ehefrau 74 ff., 94; einer Person unter elterlicher Gewalt oder Vormundschaft 75 ff.; E. aus Staatsangeh. in einem Bundesstaate bewirkt E. aus jedem anderen 79, 80; wann die E. erteilt werden muß 80 ff.; wann die E. nicht erteilt wird 82 ff.; E. von Offizieren 93; Wirksamkeit der E. 94; wann die E. als nicht erfolgt gilt 96.
Entscheidung, endgültige E. über Dienstverpflichtung 82, 86 ff., 103, 105, 127.
Entstehung des Gesetzes 11 ff.
Erlaubnis der Regierung zum Eintritt in ausländischen Staatsdienst 112.
Ermessen der Behörde 37 ff., 38, 58 ff., 62, 66, 68, 102, 111, 113.
Ernährungsfähigkeit als Erfordernis für die Einbürgerung 37, 41.
Ersatzbehörden 82, 86 ff.
Ersatzkommission, Zeugnis der E. 82, 84, 86 ff.
Ersatzreserve, Mannschaften d. E. 103.
Erwerb der Staatsangehörigkeit 23 ff.

F.

Fahnenflüchtiger Deutscher, Verlust der Staatsangeh. eines f. D. 103, 106, 107, 127.

Farbige Stämme, Angehörige f. St. 134.

Feldwebelleutnants 92.

Festgenommene Personen, Nichtaushändigung der Entlassungsurkunde an f. P. 94.

Festungsbauoffiziere 92.

Feuerwerksoffiziere 92.

Findelkind, Staatsangeh. d. F. 25 ff.; keine unmittelbare Reichsangehörigkeit bei F. 140.

Fortsetzung des Aufenthalts 32.

Frau, s. Ehefrau; Anstellung von Frauen im Staats- usw. Dienst 64.

Freiwillige 88, 90.

Freizügigkeitsgesetz 32, 34.

Fremde Rassen, Kinder fr. R. 28.

Fremder Staat, Angehörigkeit zu einem fr. St. 120, 124.

Fremder Staatsdienst, Verlust der Staatsangeh. durch Eintritt in fr. St. 112.

Friedenszeiten, Entlassung aus der Staatsangeh. in F. 83.

Frist für die Erhebung von Bedenken 47.

G.

Gebiet, Niederlassung im G. eines Bundesstaates s. Niederlassung.

Gebühren s. Kosten.

Geburt, Erwerb der Staatsangeh. durch G. 23, 25 ff.

Geburtsort begründet keine Staatsangehörigkeit 25, 26; s. auch jus soli.

Gefährdung des Wohles des Reiches oder eines Bundesstaates 43, 45, 55.

Gemeinde, Anhörung der G. vor Einbürgerung 37, 42, 50, 53, 54, 55, 58, 116, 119, 140; Anstellung im G.-Dienst als Aufnahme oder Einbürgerung 63.

Gemeinschaft, häusliche G. 109, 114.

Genehmigung des Beistandes 76; G. des Vormundschaftsgerichts 32, 76, 77; G. der zuständigen Behörde zur Beibehaltung der Staatsangeh. 98, 102.

Geschäft, Gründung eines G. 34.

Geschäftsfähigkeit 37, 38 ff., 51.

Geschiedene Ehefrau, Einbürgerung einer g. E. eines Ausländers 50, 51.

Gesetzlicher Vertreter 32, 36, 37, 69, 70, 76, 77, 95, 97, 113.

Gewalt, Personen unter elterlicher G. 32, 36, 69, 70 ff., 75 ff., 99, 114.

Gewerbeordnung, Bestimmungen der G. über das Rekursverfahren 148.
Glaubensbekenntnis bildet kein Bedenken gegen Einbürgerung 45, 46.
Gründung eines Geschäfts oder Hausstandes 34.

H.

Handelsstand, ehemalige Deutsche als Vertreter des H. im Auslande 60.
Häusliche Gemeinschaft 109, 114.
Hausstand, Gründung eines H. 34.
Heim s. Niederlassung.
Heimatstaat, Behörde des H. 94, 98, 112, 121.
Heranziehung, nachträgliche H. zur Erfüllung der Wehrpflicht 108, 109.
Höhere Verwaltungsbehörde 63, 68, 94, 139, 146.

I.

Indigenat, gemeinsames 20, 21.
Inkrafttreten des Gesetzes 115, 120, 127, 141, 150.
Inland, Begriff des I. 38; Niederlassung im I. 37ff., 58ff.; Wohnsitz oder dauernder Aufenthalt im I. 96, 97, 103, 116; Schutzgebiete gelten als I. 22.
Internationale mehrfache Staatsangehörigkeit 101.
Juristische Personen, Staatsangeh. jur. Pers. 24.
Jus sanguinis 25, 28; j. soli 25, 26, 28, 101.

K.

Kadetten 89.
Kaiser, Erlaß von Anordnungen über Entlassung aus der Staatsangeh. bei Krieg durch den K. 83, 110.
Kaiser-Wilhelms-Akademie, Studierende der K.-W.-A. 89.
Kapitulanten 88, 89.
Kind, eheliches erwirbt Staatsangeh. durch Geburt 25ff., 31; —, durch Aufnahme oder Einbürgerung d. Eltern 69; uneheliches K., Staatsangeh. d. u. K. 25, 27, 31, 71.
Kinder ehemaliger Deutschen 43; Entlassung von K. 94.
Kindesstatt, Annahme an K. begründet keine Staatsangehörigkeit 24, 30, 43; Einbürgerung des von einem ehemaligen Deutschen an K. Angenommenen 58; unmittelbare Reichsangehörigkeit eines an K. Angenommenen 131.
Kirchendienst, Anstellung im K. 64.
Kommission, Tätigkeit der K. 12ff.

Konfession, Zugehörigkeit zu einer K. ist kein Bedenken gegen Einbürgerung 45, 46.
Konsulatsmatrikel s. Matrikel.
Kosten der Aufnahme- oder Einbürgerungs- und Entlassungsurkunde 36, 52, 55, 58, 63, 68, 75, 79, 80, 82, 94, 95, 127, 144 ff.; K. bei Verleihung unmittelbarer Reichsangehörigkeit 136.
Krieg, Kriegsgefahr, Entlassung aus der Staatsangeh. bei K. 83, 93; Verlust der Staatsangeh. bei K. 110 ff.
Kriegsbereitschaft, Einberufung nach Bekanntmachung der K. 103.
Kriegsschüler 89.

L.

Landesgesetze, Rekursverfahren bestimmt sich nach den L. 148.
Landesrecht, Verlust der Staatsangeh. nach L. vor dem Gesetz v. 1. Juni 1870 121.
Landeszentralbehörden 146.
Landwehr, Mannschaften der L. 103; s. auch Beurlaubtenstand.
Lebensjahr, sechzehntes L. 32, 36; einundzwanzigstes 44; neunundzwanzigstes 127; einunddreißigstes 103, 105; dreiundvierzigstes 127, 128.
Lebenswandel, unbescholtener L. 37, 40, 52, 57.
Legitimation, Erwerb d. Staatsangeh. durch L. 23, 29 ff.; Verlust der Staatsangeh. bei Minderjährigen durch deren L. 53; —, bei unehelichen Kindern durch L. 71, 72.
Lothringen, Elsaß-L. Bundesstaat 22.

M.

Mannschaften des aktiven Heeres, der aktiven Marine oder Schutztruppen, Entlassung von M. aus der Staatsangeh. 82, 88 ff.; M. des Beurlaubtenstandes 82, 90 ff.
Marineingenieure 92.
Matrikel, Eintragung in die Matrikel eines Reichskonsulats 14, 15, 72, 74.
Mehrfache Staatsangeh. 21, 31, 79, 110, 112; internationale m. St. 101.
Militärbehörde, Genehmigung der M. zur Entlassung 82; Anhörung der M. 103, 108; Stellung vor M. 128, 130; welche Behörde als M. anzusehen ist 146.
Militärpflicht, Militärpflichtige 84, 85, 86 ff., 103 ff., 105, 127.
Minderjähriger ehemal. Deutscher 53.
Mischlinge, unmittelbare Reichsangehörigkeit der M. 135.

Missionare, Wiederaufnahme von M. 61.
Mitteilung an den Reichskanzler 43, 59, 62.
Mittelbare Reichsangehörigkeit 17, 19.
Mobilmachung 91, 93, 103.

N.

Nachträgliche Heranziehung zur Erfüllung der Wehrpflicht 108, 109.
Naturalisation ersetzt durch Einbürgerung 24; im übrigen s. Einbürgerung.
Neuanziehender, Abweisung v. N. 32.
Neuerungen des Gesetzes 11, 14 ff.
Neunundzwanzigstes Lebensjahr 127.
Nichtbefolgung der Aufforderung zur Rückkehr bei Krieg 110; N. der Aufforderung zum Austritt aus ausländischem Staatsdienst 112.
Nichterfüllung der Wehrpflicht begründet Verlust der Staatsangeh. 15, 16, 71, 102, 103 ff., 127, 128.
Nichtige Ehe 27, 31, 51.
Niederlassung in einem Bundesstaate 32, 33, 37, 41, 53, 55, 115; N. eines Ausländers in einem Schutzgebiet 131 ff.
Norddeutscher Bund, Staatsverträge des N. B. 141.

O.

Oberersatzkommission, Entscheidungen der O. 87.
Öffentlicher Schuldienst, Anstellung im öffentl. Sch. als Aufnahme oder Einbürgerung 63.
Offizier, Anstellung als O. des Beurlaubtenstandes 63, 65; ausländische O. 65; Entlassung von O. aus der Staatsangeh. 82, 92 ff.
Offiziersaspiranten 89.
Optionsverträge, Erwerb d. Staatsangeh. durch O. 23.
Ort der Geburt gleichgültig für Erwerb d. Staatsangeh. durch Geburt 26.

P.

Palästina, deutsche Gemeinden in P. 60.
Personen unter elterlicher Gewalt oder Vormundschaft 32, 36.
Politische Momente (Tätigkeit) als Bedenken gegen Einbürgerung 47.

R.

Rassen, Kinder fremder R. 28; unmittelbare Reichsangehörigkeit reinrassiger Eingeborener 135.
Rechtsanspruch auf Aufnahme 32 ff.; R. auf Einbürge-

rung 37, 50, 51, 53, 55, 56, 62, 63, 66, 67, 68, 103, 113, 120, 127, 128; R. auf Entlassung 80 ff.; auf Verleihung der unmittelbaren Reichsangehörigkeit besteht kein R. 131, 133.
Rechtsmittel s. Rekurs.
Redaktionskommission 13.
Regierung, Anstellung durch die Regierung als Aufnahme oder Einbürgerung 63; Erlaubnis der R. zum Eintritt in ausländischen Staatsdienst 112.
Reichsangehörigkeit, mittelbare R. 17, 19; unmittelbare R. 17, 19, 61, 67, 131 ff.
Reichsdienst, Anstellung im R. als Einbürgerung 66; unmittelbare Reichsangehörigkeit durch A. i. R. 136.
Reichsinteressen, Gefährdung von R. 43, 45, 55.
Reichskanzler stellt Bedenken fest 43, 55, 58, 59, 62, 98, 139; Zustimmung des R. 66, 68, 139.
Reichskasse, Diensteinkommen aus der R. 66, 68, 136.
Rekruten, ausgehobene 88, 90.
Rekurs 18, 49, 52, 58, 62, 68, 80, 81, 94, 102, 108, 127, 130, 135, 147 ff.
Rekursverfahren 148 ff.
Religionsbekenntnis s. Religionsgemeinschaft.
Religionsgemeinschaft, Zugehörigkeit zu einer R. ist kein Bedenken gegen Einbürgerung 45, 46.
Religionsgesellschaft, Anstellung in Dienst einer vom Staat anerkannten R. als Aufnahme oder Einbürgerung 63, 64.
Reserve, Mannschaften der R. 103; s. auch Beurlaubtenstand.
Reserveoffizier s. Beurlaubtenstand und Offizier.
Rückkehr, Nichtbefolgung der Aufforderung zur R. bei Krieg 110.
Rückwirkende Kraft des Gesetzes 150.

S.

Sanguinis, jus s. 25, 28.
Sanitätsoffiziere 65, 92.
Schiffsjungen 89.
Schuldienst, Anstellung im öffentlichen Sch. als Aufnahme oder Einbürgerung 63, 64.
Schutzgebiete 22, 23; gelten als Inland 22; Niederlassung von Ausländern im Sch. 131.
Sechzehntes Lebensjahr 32, 36.
Seewehr, Mannschaften der S. 103.
Soli, jus. s. 25, 26, 28, 101.
Sorge für die Person 70, 76, 78, 79.

Staatlose 24, 38, 56, 67, 107.
Staatsangehörigkeit in einem Bundesstaate 20 ff., 23; mehrfache St. 21, 31, 79, 101, 110, 112; ausländische St. 43, 48.
Staatsanwaltschaft, Beschwerderecht der St. 76.
Staatsbürgerliche Rechte 21.
Staatsdienst, Erwerb der Staatsangehörigkeit durch Anstellung im St. 63; Verlust der Staatsangehörigkeit durch Eintritt in ausländische St. 112.
Staatsinteressen, Gefährdung von St. 43, 45, 55.
Staatsverträge, Geltung von St. der Bundesstaaten mit ausländischen Staaten 100, 141.
Stellung vor Militärbehörden 128, 130.
Stempelabgaben für Aufnahme-, Einbürgerungs- und Entlassungsurkunden 144.
Suite, Offiziere à la s. 92.

T.

Tatsachen für Gefährdung des Wohles des Reiches oder eines Bundesstaates 43, 45, 58.
Töchter, verheiratete oder verheiratet gewesene T. 69, 109, 112, 113, 114, 120, 127, 136, 138.
Torpedoingenieure 92, -offiziere 92.
Toterklärt, Einbürgerung der Frau eines für tot erklärten Ausländers 51.
Traindepotoffiziere 92.

U.

Unbescholtener Lebenswandel 37, 40, 52, 57.
Unbeschränkte Geschäftsfähigkeit 37, 39, 51.
Uneheliches Kind, Staatsangehörigkeit des unehelichen Kindes 25, 27, 49.
Unmittelbare Reichsangehörigkeit 17, 19, 61, 67, 131 ff.
Unterbrechung des Aufenthalts 49.
Unterkommen in einer Gemeinde 33, 37, 41.
Unteroffizierschüler 89.
Unteroffiziervorschüler 89.
Unterstützungswohnsitz begründet noch keine Staatsangehörigkeit 23.
Urkunde, Anstellungs- oder Bestätigungsurkunde 63, 65; Aufnahme- oder Einbürgerungsurkunde 63, 65, 68, 69.

V.

Verabschiedung von Offizieren 93.
Verhaftete Personen, Nichtaushändigung der Entlassungsurkunde an v. P. 94

Verheiratete Töchter 69, 109, 112, 113, 114, 120, 127, 136, 138.

Verleihung der unmittelbaren Reichsangehörigkeit 131 ff., 133, 136.

Verlust der Staatsangehörigkeit 53, 71 ff., 97 ff.; wegen Nichterfüllung der Wehrpflicht 15, 16, 71, 103 ff., 127 ff.; V. durch Ausspruch der Behörde 110 ff., 112 ff.; V. erstreckt sich auch auf Ehefrau und Kinder 113 ff.; V. der unmittelbaren Reichsangehörigkeit 140.

Versagung der Entlassung aus der Staatsangehörigkeit 82 ff.; V. der Fortsetzung des Aufenthalts 32, 34, 35.

Verschulden 103, 107.

Verträge, Bancroft-V. 100, 142; Options-V. mit ausländischen Staaten 23; Staats-V. der Bundesstaaten mit ausländischen Staaten 100.

Vertreter, gesetzliche V. 32, 36, 37, 69, 70, 76, 77, 95, 97, 113.

Verwaltungsbehörde, höhere 63, 68, 94, 139, 146.

Verweigerung der Entlassung aus der Staatsangehörigkeit 82 ff.

Veterinäroffiziere 65, 92.

Vollendung des Lebensjahres 32, 36, 44, 49, 53, 103, 106, 127.

Volljährigkeit 53.

Vollziehung der Anstellung 63.

Voraussetzungen für die Aufnahme 33; für die Einbürgerung 37, 43 ff., 50 ff., 53 ff., 56, 58, 63, 66, 118 ff., 120, 122 ff.

Vorbehalt in der Anstellungs- oder Bestätigungsurkunde 63, 64, 66, 68, 69; V. in der Entlassungsurkunde 79, 81, 96, 97.

Vormundschaft, unter V. stehende Person 32, 36, 75, 99.

Vormundschaftsbehörde, Vormundschaftsgericht, Zustimmung, Genehmigung d. V. 32, 76, 77.

W.

Wehrpflicht 84 ff., Nichterfüllung der W. begründet Verlust der Staatsangehörigkeit 15, 16, 71, 102, 103 ff., 127, 128.

Weitere Beschwerde 76, 77 ff.

Wiederaufnahme in den Staatsverband 50 ff., 53 ff., 58 ff., 103, 113, 115 ff., 120.

Wiedereinbürgerung s. Wiederaufnahme in die Staatsangehörigkeit.

Wiedererlangung der Staatsangehörigkeit 50 ff., 53 ff., 58 ff., 103, 113, 115 ff., 120, 128.

Wiedererwerb der Staatsangehörigkeit s. Wiedererlangung.
Wirksame Legitimation 29, 30, 71, 72, 73.
Wirksamkeit der Aufnahme oder Einbürgerung 36, 68 ff.; der Entlassung 75, 79, 80, 94 ff.
Witwe, Einbürgerung der W. eines Ausländers 50, 51.
Wohl, Gefährdung des W. des Reiches oder eines Bundesstaates 43, 45, 55.
Wohnung, eigene W. 37, 41.
Wohnsitz begründet allein keine Staatsangehörigkeit 23, 24, 69; W. im Inlande 96, 97, 103, 116, 127; dienstlicher W. im Ausland 66.

Z.

Zehnjähriger Aufenthalt im Ausland 14, 59, 72, 120.
Zentralbehörde 63; Beschluß der Z. 110, 112, 139.
Zeugnis der Ersatzkommission 82, 84, 86 ff.
Zeugoffiziere 92.
Zurückstellung eines Militärpflichtigen über d. 31. Lebensjahr hinaus 103.
Zustimmung des Bundesrats 98; Z. des gesetzlichen Vertreters 32, 36, 37; Z. des Mannes 32, 36; Z. des Reichskanzlers 66, 68; Z. des Vormundschaftsgerichtes 32, 36; Z. der Ehefrau zur Entlassung aus der Staatsangehörigkeit 74.

Druck von A. W. Hayn's Erben (Curt Gerber), Potsdam.

FSC
www.fsc.org
MIX
Papier | Fördert gute Waldnutzung
FSC® C083411

Kolibri 360 GmbH
Ferdinand-Jühlke-Straße 7
99095 Erfurt, Deutschland
produktsicherheit@kolibri360.de